Lendas brasileiras

LUÍS DA CÂMARA CASCUDO

LENDAS BRASILEIRAS

Ilustrações: Cláudia Scatamacchia

3ª Edição, Global Editora, São Paulo 2003
3ª Reimpressão, 2008

Diretor Editorial
Jefferson L. Alves

Gerente de Produção
Flávio Samuel

Assistente Editorial
Rosalina Siqueira

Revisão
Rita de Cássia M. Lopes
Rosalina Siqueira

Ilustrações
Cláudia Scatamacchia

Capa
Marcelo Azevedo

Foto de Capa
Patrícia Souza Gatto

Editoração Eletrônica
Antonio Silvio Lopes

Dados Internacionais de Catalogação na Publicação (CIP)
(Câmara Brasileira do Livro, SP, Brasil)

Cascudo, Luís da Câmara, 1898-1986.
  Lendas brasileiras / Luís da Câmara Cascudo;
[ilustrações de Cláudia Scatamacchia]. – 7ª ed. –
São Paulo : Global, 2001.

  Bibliografia.
  ISBN 85-260-0710-6

  1. Lendas – Brasil I. Scatamacchia, Cláudia.
II. Título.

01-4073   CDD–398.20981

Índice para catálogo sistemático:

1. Brasil : Lendas : Folclore   398.20981

Direitos Reservados

 **Global Editora e**
Distribuidora Ltda.

Rua Pirapitingüi, 111 – Liberdade
CEP 01508-020 – São Paulo – SP
Tel.: (11) 3277-7999 – Fax: (11) 3277-8141
e-mail: global@globaleditora.com.br
www.globaleditora.com.br

 Colabore com a produção científica e cultural.
Proibida a reprodução total ou parcial desta obra
sem a autorização do editor.

Nº DE CATÁLOGO: **2270**

Sobre a reedição de Lendas Brasileiras

A reedição da obra de Câmara Cascudo tem sido um privilégio e um grande desafio para a equipe da Global Editora. A começar pelo nome do autor. Com a concordância da família, foram acrescidos os acentos em Luís e em Câmara, por razões de normatização bibliográfica.

O autor usava uma forma peculiar de registrar fontes. Como não seria adequado utilizar critérios mais recentes de referenciação, optamos por respeitar a forma da última edição em vida do autor. Nas notas foram corrigidos apenas erros de digitação, já que não existem originais da obra.

Mas, acima de detalhes de edição, nossa alegria é compartilhar essas "conversas" cheias de erudição e sabor.

Os editores

Sumário

·········

NORTE

NORDESTE

CENTRO-OESTE

SUDESTE

SUL

NORTE

A lenda da Iara

*D*eitada sobre a branca areia do igarapé, brincando com os matupiris, que lhe passam sobre o corpo meio oculto pela corrente que se dirige para o igapó, uma linda tapuia canta à sombra dos jauaris, sacudindo os longos e negros cabelos, tão negros como seus grandes olhos.

As flores lilases do mururé formam uma grinalda sobre sua fronde que faz sobressair o sorriso provocador que ondula os lábios finos e rosados.

Canta, cantando o exílio, que os ecos repetem pela floresta, e que, quando chega a noite, ressoam nas águas do gigante dos rios.

Cai a noite, as rosas e os jasmins saem dos cornos dourados e se espalham pelo horizonte, e ela canta e canta sempre; porém o moço tapuio que passa não se anima a procurar a fonte do igarapé.

Ela canta e ele ouve; porém, comovido, foge repetindo:

– "É bela, porém é a morte... é a Iara."

Uma vez a piracema arrastou-o para longe, a noite o surpreendeu... o lago é grande, os igarapés se cruzam, ele os segue, ora manejando o apucuitaua com uma mão firme, ora impelindo a montaria, apoiando-se nos troncos das árvores, e assim atravessa a floresta, o igapó e o murizal.

De repente um canto o surpreende, uma cabeça sai fora da água, seu sorriso e sua beleza o ofuscam, ele a contempla, deixa cair o iacumá, e esquece assim também o tejupar; não presta atenção senão ao bater de seu coração, e engolfado em seus pensamentos deixa a montaria ir de bubuia, não despertando senão quando sentiu sobre a fronte a brisa fresca do Amazonas.

Despertou muito tarde, a tristeza apoderou-se da sua alegria, o tejupar faz seu martírio, a família é uma opressão, as águas, só as águas, o chamam, só a solidão dos igarapés o encanta.

"Iara hu picicana!" Foi pegado pela Iara. Todos os dias, quando a aurora com suas vestes roçagantes percorre o nascente, saudada pelos iapis que cantam nas samaumeiras, encontra sempre uma montaria com a sua vela escura tinta de muruchi, que se dirige para o igarapé, conduzindo o pescador tapuio desejoso de ouvir o canto do aracuã. Para passar o tempo procura o boiadouro de iurará, porém a sararaca lhe cai da mão e o muirapara se encosta. As horas passam-se entregue aos seus pensares, enquanto a montaria vai de bubuia.

O acarequissaua está branco, porém o aracuã ainda não cantou. A tristeza desaparece; a alegria volta, porque o Sol já se encobre atrás das embaubeiras da longínqua margem do Amazonas; é a hora da Iara.

Vai remando docemente; a capiuara que sai da canarana o sobressalta; a jaçanã que voa do periantã lhe dá esperanças, e o pirarucu que sobrenada o engana.

De repente um canto o perturba; é Iara que se queixa da frieza do tapuio.

Deixa cair o remo; Iara apareceu-lhe encantadora como nunca o esteve.

O coração salta-lhe no peito, porém a recomendação de sua mãe veio-lhe à memória: "Taíra, não te deixes seduzir pela Iara, foge de seus braços, ela é munusaua".

O aracuã não cantava mais, e do fundo da floresta saía a risada estrídula do jurutaí.

A noite cobre o espaço, e mais triste do que nunca volta o tapuio em luta com o coração e com os conselhos maternos.

Assim passam-se os dias, já fugindo dos amigos e deixando a pesca em abandono.

Uma vez viram descer uma montaria de bubuia pelo Amazonas, solitária porque o pirassara tinha-se deixado seduzir pelos cantos da Iara.

Mais tarde apareceu num matupá um teonguera, tendo nos lábios sinais recentes dos beijos da Iara.

Estavam dilacerados pelos dentes das piranhas.

Barba Ruiva

*A*qui está a lagoa de Paranaguá, limpa como um espelho e bonita como noiva enfeitada.

Espraia-se em quinze quilômetros por cinco de largura, mas não era, tempo antigo, assim grande, poderosa como um braço de mar. Cresceu por encanto, cobrindo mato e caminho, por causa do pecado dos homens.

Nas Salinas, ponta leste do povoado de Paranaguá, vivia uma viúva com três filhas. O rio Fundo caía numa lagoa pequena no meio da várzea.

Um dia, não se sabe como, a mais moça das filhas da viúva adoeceu e ninguém atinava com a moléstia. Ficou triste e pensativa.

Estava esperando menino e o namorado morrera sem ter ocasião de levar a moça ao altar.

Chegando o tempo, descansou a moça nos matos e, querendo esconder a vergonha, deitou o filhinho num tacho de cobre e sacudiu-o dentro da lagoa.

O tacho desceu e subiu logo, trazido por uma Mãe-d'Água, tremendo de raiva na sua beleza feiticeira. Amaldiçoou a moça que chorava, e mergulhou.

As águas foram crescendo, subindo e correndo, numa enchente sem fim, dia e noite, alagando, encharcando, atolando, aumentando sem cessar, cumprindo uma ordem misteriosa. Tomou toda a várzea, passando por cima das carnaubeiras e buritis, dando onda como maré de enchente na lua.

Ficou a lagoa encantada, cheia de luzes e de vozes. Ninguém podia morar na beira porque, a noite inteira, subia do fundo d'água um choro de criança, como se chamasse a mãe para amamentar.

Ano vai e ano vem, o choro parou e, vez por outra, aparecia um homem moço, airoso, muito claro, menino de manhã, com barbas ruivas ao meio-dia e barbado de branco ao anoitecer.

Muita gente o viu e tem visto. Foge dos homens e procura as mulheres que vão bater roupa. Agarra-as só para abraçar e beijar. Depois, corre e pula na lagoa, desaparecendo.

Nenhuma mulher bate roupa e toma banho sozinha, com medo do Barba Ruiva. Homem de respeito, doutor formado, tem encontrado o Filho-da-Mãe-d'Água, e perde o uso de razão, horas e horas.

Mas o Barba Ruiva não ofende a ninguém. Corre sua sina nas águas da lagoa de Paranaguá, perseguindo mulheres e fugindo dos homens.

Um dia desencantará, se uma mulher atirar na cabeça dele água benta e um rosário indulgenciado. Barba Ruiva é pagão, e deixa de ser encantado sendo cristão.

Mas não nasceu ainda essa mulher valente para desencantar o Barba Ruiva.

Por isso ele cumpre sua sina nas águas claras da lagoa de Paranaguá.

Cobra Norato

Cobra Koralo

*N*o paranã do Cachoeiri, entre o Amazonas e o Trombetas, nasceram Honorato e sua irmã Maria, Maria Caninana.

A mãe sentiu-se grávida quando se banhava no rio Claro. Os filhos eram gêmeos e vieram ao mundo na forma de duas serpentes escuras.

A tapuia batizou-os com os nomes cristãos de Honorato e Maria. E sacudiu-os nas águas do paranã porque não podiam viver em terra.

Criaram-se livremente, revirando ao sol os dorsos negros, mergulhando nas marolas e bufando de alegria selvagem. O povo chamava-os: Cobra Norato e Maria Caninana.

Cobra Norato era forte e bom. Nunca fez mal a ninguém. Vez por outra vinha visitar a tapuia velha, no tejupar do Cachoeiri. Nadava para a margem esperando a noite.

Quando apareciam as estrelas e o aracuã deixava de cantar, Honorato saía d'água, arrastando o corpo enorme pela areia que rangia.

Vinha coleando, subindo até a barranca. Sacudia-se todo, brilhando as escamas na luz das estrelas. E deixava o couro monstruoso da cobra, erguendo-se um rapaz bonito, todo de branco. Ia cear e dormir no tejupar materno. O corpo da cobra ficava estirado junto do paranã. Pela madrugada, antes do último cantar do galo, Honorato descia a barranca, metia-se dentro da cobra que estava imóvel. Sacudia-se. E a cobra, viva e feia, remergulhava nas águas do paranã.

Voltava a ser a Cobra Norato.

Salvou muita gente de morrer afogada. Direitou montarias e venceu peixes grandes e ferozes. Por causa dele a piraíba do rio Trombetas abandonou a região, depois de uma luta de três dias e três noites.

Maria Caninana era violenta e má. Alagava as embarcações, matava os náufragos, atacava os mariscadores que pescavam, feria os peixes pequenos. Nunca procurou a velha tapuia que morava no tejupar do Cachoeiri.

No porto da Cidade de Óbidos, no Pará, vive uma serpente encantadora, dormindo, escondida na terra, com a cabeça debaixo do altar da Senhora Sant'Ana, na Igreja que é da mãe de Nossa Senhora.

A cauda está no fundo do rio. Se a serpente acordar, a Igreja cairá. Maria Caninana mordeu a serpente para ver a Igreja cair. A serpente não acordou mas se mexeu. A terra rachou, desde o mercado até a Matriz de Óbidos.

Cobra Norato matou Maria Caninana porque ela era violenta e má. E ficou sozinho, nadando nos igarapés, nos rios, no silêncio dos paranãs.

Quando havia putirão de farinha, dabucuri de frutas nas povoações plantadas à beira-rio, Cobra Norato desencantava, na hora em que os aracuãs deixam de cantar, e subia, todo de branco, para dançar e ver as moças, conversar com os rapazes, agradar os velhos.

Todo mundo ficava contente. Depois, ouviam o rumor da cobra mergulhando. Era madrugada e Cobra Norato ia cumprir seu destino.

Uma vez por ano Cobra Norato convidava um amigo para desencantá-lo. Amigo ou amiga. Podia ir na beira do paranã, encontrar a cobra dormindo como morta, boca aberta, dentes finos, riscando de prata o escuro da noite: sacudir na boca aberta três pingos de leite de mulher e dar uma cutilada com ferro virgem na cabeça da cobra, estirada no areião.

Cobra fecharia a boca e a ferida daria três gotas de sangue. Honorato ficava só homem, para o resto da vida.

O corpo da cobra seria queimado. Não fazia mal. Bastava que alguém tivesse coragem.

Muita gente, com pena de Honorato, foi, com aço virgem e frasquinho de leite de mulher, ver a cobra dormindo no barranco. Era tão grande e tão feia que, dormindo como morta, assombrava.

A velha tapuia do Cachoeiri, ela mesma, foi e teve medo. Cobra Honorato continuou nadando e assobiando nas águas grandes, do Amazonas ao Trombetas, indo e vindo, como um desesperado sem remissão.

Num putirão famoso, Cobra Norato nadou pelo rio Tocantins, subindo para Cametá. Deixou o corpo na beira do rio e foi dançar, beber, conversar.

Fez amizade com um soldado e pediu que o desencantasse. O soldado foi, com o vidrinho de leite e um machado que não cortara pau, aço virgem. Viu a cobra estirada, dormindo como morta. Boca aberta. Sacudiu três pingos de leite entre os dentes. Desceu o machado, com vontade, no cocuruto da cabeça. O sangue marejou. A cobra sacudiu-se e parou.

Honorato deu um suspiro de descanso. Veio ajudar a queimar a cobra onde vivera tantos anos. As cinzas voaram. Honorato ficou homem. E morreu, anos e anos depois, na cidade do Cametá, no Pará.

Não há nesse rio e terras do Pará quem ignore a vida da Cobra Norato. São aventuras e batalhas.

Canoeiros, batendo a jacumã, apontam os cantos, indicando as paragens inesquecidas:

– Ali passava, todo o dia, a Cobra Norato...

Lenda da Sapucaia-Roca

Sapucaia-Roca é uma pequena povoação à margem do rio Madeira.

Pouco abaixo do lugar em que se acha assentada, referem os índios que existiu outrora uma outra povoação, muito maior do que essa, e que um dia desapareceu da superfície da terra, sepultando-se nas profundidades do rio.

É que os muras, que então a habitavam, levavam a vida desordenada e má, e nas festas, que em honra de Tupana celebravam, entregavam-se a danças tão lascivas e cantavam cantigas tão impuras, que faziam chorar de dor aos angaturamas, que eram os espíritos protetores, que por eles velavam.

Por vezes os velhos e inspirados pajés, sabedores dos segredos de Tupana, haviam-nos advertido de que tremendo castigo os ameaçava, se não rompessem com a prática de tão criminosas abominações.

Mas cegos e surdos, os muras não os viam, nem os ouviam. E pois um dia, em meio das festas e das danças e quando mais quente fervia a orgia, tremeu de súbito a terra e na voragem das águas, que se erguiam, desapareceu a povoação.

As altas barrancas que ainda hoje ali se vêem atestam a profundidade do abismo em que foi arrojada a povoação.

Depois, muitos anos depois, foi que começou a surgir a atual povoação, que ainda não pôde atingir o grau de esplendor da que fora submergida.

Foram de novo habitá-la os muras; mas em breve, por entre a escuridão da noite começaram a ouvir, transidos de medo, como o cantar sonoro de galos, que incessante se erguia do fundo das águas.

Consultados os pajés, que perscrutavam os segredos do destino, declararam estes que aquele cantar de galos, ouvido em horas mortas da noite, provinha daqueles mesmos angaturamas, que deploraram outrora a sorte da povoação submergida e que, sempre protetores dos filhos dos muras, serviam-se do canto despertador dos galos da sapucaia-roca submersa, para recordarem o tremendo castigo por que passaram seus maiores e desviarem a nova geração do perigo de sorte igual.

É este o fato que deu origem ao nome da povoação: Sapucaia-Roca.

Nordeste

A cidade encantada
de Jericoacoara

*D*izem alguns habitantes de Jericoacoara que, sob o serrote do farol, jaz uma cidade encantada, onde habita uma linda princesa.

Perto da praia, quando a maré está baixa, há uma furna onde só se pode entrar de gatinhas. Essa furna de fato existe.

Só se pode entrar pela boca da caverna, mas não se pode percorrê-la, porque, dizem, é fechada por enorme portão de ferro.

A princesa está encantada no meio da cidade que existe além do portão.

A maravilhosa princesa está transformada numa serpente de escamas de ouro, só tendo a cabeça e os pés de mulher.

Diz a lenda que ela só pode ser desencantada com sangue humano.

No dia em que se imolar alguém perto do portão, abrir-se-á a entrada do reino maravilhoso. Com sangue será feita uma cruz no dorso da serpente, e então surgirá a princesa com sua beleza olímpica no seio dos tesouros e maravilhas da cidade.

E então, em vez daquela ponta escalvada e agreste, surgirão as cúpulas dos palácios e as torres dos castelos, maravilhando toda a gente.

Na povoação há um feiticeiro, o velho Queiroz, que narra, com a fé dos profetas e videntes, os prodígios da cidade escondida.

Certo dia o Queiroz, acompanhado de muita gente da povoação, penetrou na gruta.

O feiticeiro ia desencantar a cidade.

Estavam em frente ao portão, que toda a gente diz ter visto. Eis que surge a princesa à espera do desencanto.

Dizem que ouviram cantos de galos, trinados de passarinhos, balidos de carneiros e gemidos estranhos originados da cidade sepultada.

O velho mágico, entretanto, nada pôde fazer porque no momento ninguém quis se prestar ao sacrifício.

Todos queriam sobreviver, naturalmente para se casar com a princesa...

O certo é que o feiticeiro pagou caro a tentativa. Foi parar na cadeia, onde permanece até hoje.

A cidade e a princesa ainda esperam o herói que se decida a remi-las com seu sangue.

A morte do Zumbi

*N*a serra da Barriga, em sua encosta oriental, viveram, sessenta e sete anos, os negros livres dos Palmares.

Tinham fugido de várias fazendas, engenhos, cidades e vilas, reunindo-se, agrupando-se derredor de chefes, fundando uma administração, um Estado autônomo, defendido pelos guerreiros que eram, nas horas de paz, plantadores de roças e criadores de gado.

Elegiam vitaliciamente, um Zumbi, o Senhor da força militar e da lei tradicional.

Não havia ricos, nem pobres, nem furtos nem injustiças. Três cercas de madeira rodeavam, numa tríplice paliçada, o casario de milhares e milhares de homens.

Ao princípio, para viver, desciam os negros armados, assaltando, depredando, carregando o butim para as atalaias de sua fortaleza de pedra inacessível.

Depois o governo nasceu e com ele a ordem; a produção regular simplificou comunicações pacíficas, em vendas e compras nos lugarejos vizinhos; constituiu-se a família e nasceram os cidadãos palmarinos.

As plantações ficavam nos intervalos das cercas, vigiadas pelas guardas de duzentos homens, de lanças reluzentes, longas espadas e algumas armas de fogo.

No pátio central, como numa aringa africana, residia o Zumbi, o Rei naquela república negra, o primeiro governo livre em todas as terras americanas.

Ali o Zumbi distribuía justiça, exercitava as tropas, recebia festas e acompanhava o culto, religião espontânea, aculturação de catolicismo com os rituais do continente negro.

Vinte vezes, durante a existência, foram atacados, com sorte diversa, mas os Palmares resistiam, espalhando-se, divulgando-se, atraindo a esperança de todos os escravos chibateados nos eitos de Pernambuco, Alagoas, Sergipe e Bahia.

A república palmarina desorganizava o ritmo do trabalho escravo em toda a região. Dia a dia fugiam novos cativos, futuros soldados do Zumbi, com seu manto, sua espada e sua lança real.

Por fim, depois de investidas numerosas, em 1695, sete mil homens veteranos, comandados por grandes chefes de guerra, marcharam sobre Palmares.

Debalde o Zumbi levou suas forças ao combate, repelindo e vencendo. O inimigo recompunha-se, recebendo víveres e munições, quando os negros, sitiados, se alimentavam de furor e de vingança.

Numa manhã, todo exército atacou ao mesmo tempo, por todas as faces. As paliçadas foram cedendo, abatidas a machado, molhando-se o chão com o sangue desesperado dos negros guerreiros.

Os paulistas de Domingos Jorge Velho; Bernardo Vieira de Melo com as tropas de Olinda; Sebastião Dias com os homens de reforço – foram avançando e pagando caro cada polegada que a espada conquistava.

Gritando e morrendo, os vencedores subiam sempre, despedaçando as resistências, derramando-se como rios impetuosos, entre as casinhas de palha, incendiando, prendendo, trucidando.

Quando a derradeira cerca se espatifou, o Zumbi correu até o ponto mais alto da serra, de onde o panorama do reino saqueado era completo e vivo. Daí, com seus companheiros, olhou o final da batalha.

Paulistas e olindenses iniciavam a caçada humana, revirando as palhoças, vencendo os últimos obstinados.

Do cimo da serra, o Zumbi brandiu a lança espelhante, e saltou para o abismo.

Seus generais o acompanharam, numa fidelidade ao Rei e ao Reino vencidos.

Em certos pontos da serra ainda estão visíveis as pedras negras das fortificações.

E vive ainda a lembrança ao último Zumbi, o Rei de Palmares, o guerreiro que viveu na morte seu direito de liberdade e de heroísmo...

A serpente emplumada da Lapa

A massa calcária do Morro ergue-se a noventa metros acima das águas do rio São Francisco.

Abrem-se no bojo escuro, recortado pela paciência da erosão, um palácio misterioso, salas, átrios, coruchéus, pilares, agulhas, miranetes, pias, decorações estranhas, arabescos que fecham as últimas volutas pela projeção impressionante de estalactites.

Aí, em 1691, um português, Francisco Mendonça Mar, pintor, abandonando a cidade do Salvador, atingiu a Lapa, com duzentas léguas de peregrinação e fome, trazendo um crucifixo e uma vontade de eremita.

Fez vida de solitário.

Depois, o ermitão se tornou hospitaleiro da região, abrigando enfermos, consolando doentes, determinando que a imensa Lapa se tornasse centro de convergência demográfica, estimulada pela fé irradiante.

Uma caverna transformou-se em capela, com altar e assento.

Uma lasca de fonolito, percutida, espalhava sonoridades de sino, ajuntando os fiéis.

O culto nasceu e se espalhou, como uma luz suave, por toda a redondeza.

Francisco Mendonça Mar ordenou-se padre em 1706, tomando o nome de Francisco da Soledade, e morreu depois de 1722.

A imagem do Bom Jesus fundou a povoação; Vila do Bom Jesus da Lapa em 1890; cidade em 1923, município da velha Bahia.

Em época de romaria, dez mil devotos enxameiam ao redor do Morro, cantando, orando, confiando na Justiça Divina.

Logo à entrada da gruta, onde Mendonça Mar semeou a futura capela, está o altar-mor, feito há milênios, como disse Frei José de Santa Rita Durão no canto XIV do seu "Caramuru":

Eis aqui preparado (disse) o templo,
Falta a fé, falta o culto necessário;
E quando era de Deus feito contemplo,
Tudo o que é de salvar meio ordinário.
Desta intenção parece ser exemplo
Este insigne prodígio extraordinário,
Onde parece que no templo oculto
Tem disposto o lugar, e espera o culto.

À esquerda está a Cova da Serpente, sempre fechada e temida, até 1936.

Aí vivia uma serpente emplumada como Quetzalcoatl, agitando sem cessar, para crescer depressa, duas asas robustas.

Quando a serpente deixasse a cova, devoraria a todos sem remissão.

Muita gente ouvia-lhe o ronco cavernoso e ameaçador, avisando o perigo fatal e terrível.

Frei Clemente, em fins do século XVIII, chegou à gruta e iniciou as Santas Missões; reconheceu o canto onde a serpente alada preparava o vôo mortal para a população assombrada; aconselhou que todos rezassem o "Ofício de Nossa Senhora": cada vez que a oração findasse, uma pena cairia da serpente, sem esperança de substituição, arrancada pelo poder da súplica.

Milhares de orações, em todo o rio São Francisco, subiram para o céu. Uma a uma, aos milhares, as penas da serpente foram caindo, caindo, como folhas duma árvore morta.

Desplumada, inofensiva, derrotada, a serpente morreu de furor.

Ao abrir-se a cova fabulosa, não se encontraram vestígio de seu corpo.

Ainda hoje, quem visita a Lapa do Bom Jesus, à margem direita do São Francisco, verá a entrada da cova onde a serpente emplumada viveu para matar, e desapareceu, vencida pelo "Ofício de Nossa Senhora".

As mangas de jasmim de Itamaracá

*N*o ano de 1631, vivia na Capitania da Paraíba, Antônio Homem de Saldanha e Albuquerque, natural dessa mesma Capitania, que, encantado com a beleza e dotes de D. Sancha Coutinho, donzela de quinze anos, filha do abastado agricultor João Paulo Vaz Coutinho, senhor do "Engenho Andirobeira", situado a uma légua de distância da costa, aspirava a honra de a receber por esposa.

Dirigindo-se a seus pais, e solicitando a sua mão em casamento, eles a isso tenazmente se opuseram. Saldanha e Albuquerque, assim desenganado e desesperado pela recusa, que apagava todos os seus sonhos de felicidade e de amor, sem mais esperanças e ambições, alista-se no exército, e marcha para o campo da guerra, quando as forças holandesas invadiram as plagas de sua província natal.

Saldanha e Albuquerque foi um dos heróis do célebre ataque do forte do Cabedelo. Passou-se para Pernambuco, e em 1633, na gloriosa defesa do Arraial do Bom Jesus, caiu, como morto, ferido por uma bala.

Em 1646, anos depois de suas desventuras, reaparece Saldanha e Albuquerque nessa província, mas trajando o hábito de sacerdote, sob o nome de Aires Ivo Corrêa.

A chegada dele foi assim celebrada:

> *São treze anos passados,*
> *E de Jesus ao mosteiro*
> *Chega a Olinda em pobres trajes*
> *Um sacerdote estrangeiro.*

Traz o rosto macerado,
Que a dor o espr'ito lhe rende;
Nos olhos se lhe apagaram
As paixões que o mundo acende.

Em anéis d'oiro os cabelos
Pelos ombros se declinam;
Palavras qu'esse anjo solta
Só perdão e amor ensinam.

Dias depois, partiu o Padre Aires para a ilha de Itamaracá. Por esse tempo, já não existiam os pais de D. Sancha Coutinho; e ela, triste, abatida, e ralada de saudades, aí vivia então, em casa de seu irmão Nuno Coutinho, quando apareceu o padre em sua casa; reconhecendo naquele humilde sacerdote o seu desventurado amante, morreu subitamente.

Quis ser ela a derradeira
Em ver o santo varão,
Mal põe-lhe os olhos no rosto
"Ai, meu Deus!" e cai no chão.

Sobre o sepulcro de D. Sancha Coutinho, plantou o Padre Aires Ivo Corrêa uma mangueira, de cujos frutos provêm as mangas de jasmim, tão celebradas pelo seu aroma e delicado sabor.

E no lugar do sepulcro
Uma mangueira plantou,
Onde o hálito de Sancha
Até morrer aspirou.

Visões que ela lh'ofr'ecia
Não são d'humano juízo;
A sombra que ela lhe dava
Era a sombra do pr'aíso.

Inda em torno da mangueira
Se vê um lindo jardim;
E as mangas do Padre Aires
São as mangas de jasmim.

Carro caído

O negro vinha da Aldeia Velha, servindo de carreiro. O carro tinha muito sebo com carvão nas rodas e chiava como frigideira. Aquilo não se acaba nunca.

Sua Incelência já reparou os ouvidos da gente quando está com as maleitas? Pois, tal e qual.

O carreiro era meu charapim: acudia pelo nome de João, como eu.

Deitou-se nas tábuas, enquanto os bois andavam para diante, com as archatas merejando suor que nem macaxeira encruada.

Levavam um sino para a Capela de Estremoz. Na vila era povo como abelha, esperando o brônzio para ser batizado logo.

João de vez em quando acordava e catucava a boiada com a vara de ferrão:

– Eh, Guabiraba!, eh, Rompe-Ferro, eh, Manezinho!

Era lua cheia.

Sua Incelência já viu uma moeda de ouro dentro de uma bacia de flandres? Assim estava a lua lá em cima.

João encarou o céu como onça ou gato-do-mato.

Pegou no sono, e o carro andando...

Mas a boiada começou a fracatear, e ele quando acordava, zás! – tome ferroada!

Os bois tomaram coragem à força. Ele cantou uma toada da terra dos negros, triste, triste, como quem está se despedindo.

Os bois parece que gostaram e seguraram o passo.

Então ele pegou de novo no sono.

Quando acordou, os bois estavam de novo parados.

– Diabo!, e tornou a emendá-los com o ferrão!

A coruja rasgou mortalha. João não adivinhou, mas a coruja era Deus que lhe estava dizendo que naquela hora e carregando um sino para a casa de Nosso Senhor não se devia falar no Maldito.

Gritou outra vez:

– Diabo!

O Canhoto então gritou do Inferno:

– Quem é que está me chamando?

João a modo que ouviu e ficou arrepiado. Assobiou para enganar o medo; tornou a cantar a toada, numa voz de fazer cortar o coração, como quem está se despedindo.

Pegou ainda no sono uma vez. A luz da lua escorrendo do céu era que nem dormideira!

Quando acordou – aquilo só mandando! – a boiada estava de pé.

– Diabo!

O Maldito rosnou-lhe ao ouvido:

– Cá está ele!

E arrastou o carro para dentro da lagoa com o pobre do negro, os bois e tudo.

Ele nem teve tempo de chamar por Nossa Senhora, que talvez lhe desse socorro.

Mas ainda está vivo debaixo d'água, carreando...

Sua Incelência já passou por aqui depois da primeira cantada do galo no tempo da Quaresma? Quando passar, faça reparo: – canta o carreiro, chia o carro, toca o sino e a boiada geme...

O sonho de Paraguaçu

Com destino ao mar Pacífico, tomaram o vento do porto de San Lucas de Barrameda, na Andaluzia, em dias de setembro de 1534, duas naus castelhanas tripuladas por 250 marinheiros, soldados e colonos. Destes, não poucos nobres. Dirigia a jornada Dom Simão de Alcaçovas e Soutomaior, fidalgo português a serviço de Carlos V. A expedição tinha por fim explorar e povoar duzentas léguas de costa, desde o povoado de Chincha até o estreito de Magalhães, ao sul do vasto e riquíssimo império que Francisco Pizarro acabava de conquistar para a Espanha, e doadas ao dito Alcaçovas pela Imperatriz Isabel, com o título de Província de Novo Leão.

Tendo navegado em mui curta extensão o estreito, tão trabalhosa e arriscada se lhe prefigurou a travessia, tais dificuldades teve de enfrentar desde logo, que se viu forçado a retroceder, procurando abrigo na ilha dos Lobos, onde sua gente revoltada o assassinou.

Tomou a direção da esquadrilha um Juan de Echearcaguana, que fez degolar os capitães das naves, pondo em seguida a capa sobre o Norte, em busca de São João de Porto Rico, no mar dos Caraíbas. Após haverem navegado em conserva durante dois dias, os baixéis perderam-se de vista.

Viajava aquele em que tremulara a insígnia do desditoso Alcaçovas, sempre amarrado ao litoral e ao atingir a altura de Boipeba, revoltou-se ainda uma vez a tripulação, encalhando-o num recanto da costa da ilha, que até hoje guarda, por isso, o nome de ponta dos Castelhanos.

Foi no dia do Apóstolo São Tiago, 1º de maio de 1535. Metendo-se nos botes e numa chalupa, os amotinados abandonaram a embarcação, em busca de terra, onde foram amistosamente recebidos pelos índios tupinambás. Ao fim, porém, de breves dias, pilhando-os desprecatados, chacinaram-nos sem piedade. Poucos dos castelhanos escaparam à sangueira.

A outra nave, denominada "San Pedro", governada pelo piloto Juan de Mori, veio jornadeando igualmente sem perder a costa do horizonte. Fome e enfermidade flagelaram-lhe a tripulação, que de novo se revoltaria se, em tempo, o capitão não metesse nos ferros os mais salientes.

Cinqüenta dias eram passados que sobre o mar corria a nau, quando entrou nas águas da baía de Todos os Santos, onde os mareantes toparam Diogo Álvares, Caramuru, em companhia de nove homens brancos, vivendo pacificamente entre os índios comarcãos.

Pouco depois chegou ao porto a chalupa do navio soçobrado em Boipeba, com dezessete sobreviventes da traição do gentio, quase todos feridos de flecha, narrando quanto lhes acontecera, dizendo mais que possivelmente outros dos seus companheiros haveriam escapado à mortandade, refugiando-se em qualquer parte da ilha.

Atendendo às súplicas do Mori, dirigiu-se Diogo Álvares ao local sinistro, vinte léguas ao sul de sua aldeia, encontrando ali noventa cadáveres em putrefação e quatro homens milagrosamente poupados da fúria dos selvagens, embora feridos.

Somente a 18 de agosto, a "San Pedro" largou as velas em rumo da Península, tendo alguns tripulantes ou passageiros da malograda expedição ficado na terra com o Caramuru, ao passo que dos companheiros deste alguns quiseram ir-se embora. Em troca de mantimentos que recebera de Diogo Álvares, largou-lhe Juan de Mori a chalupa e duas pipas de vinho.

Um pormenor que define a intensidade do sentimento religioso entre os homens da época, sem, infelizmente, torná-los menos cruéis:

antes de partir, o capitão castelhano entendeu ser obra de misericór-
dia sondar a alma do voluntário exilado minhoto, submetendo-o a
uma sabatina de catecismo. Nada havia esquecido, pois, diz um cro-
nista: – "E falou-se-lhe em alguma cousa da Fé, e, ao que mostrou,
estava bem nela".

Teve Diogo uma carta de agradecimento do grande Imperador
Carlos V – vai por conta de Rocha Pita e do Padre Simão de Vasconcelos – pelo socorro prestado aos náufragos de sangue azul. Que
quanto aos plebeus, certamente, pouco importaria ao magnífico senhor de meio universo que levassem eles o capeta.

Eis aí o caso narrado com algumas divergências pelos historia-
dores. Veja-se agora a seguinte lenda, que se relaciona com o
naufrágio do navio castelhano em Boipeba.

Na sua aldeia, à entrada da baía de Todos os Santos, residia
Diogo Álvares. Em certa manhã de maio de 1536, sua esposa, a celebrada Catarina Paraguaçu, contava-lhe singular sonho por duas
vezes tido àquela noite: em extensa praia vira um navio destroçado,
homens brancos rotos, encharcados os trapos que mal lhes resguar-
davam a pele, transidos de frio e inânimes de fome, estando entre
eles uma jovem mulher muito alva, de estranha e fascinadora
beleza, tendo aos braços não menos bela e alva criancinha.

Mandou Caramuru explorar a costa próxima, desde a entrada da
barra até além do rio Vermelho, a ver se nela algum navio fizera
naufrágio, pois enxergara no sonho de Catarina celeste aviso para ir
em auxílio de cristãos que por aquelas redondezas houvessem sido
vítimas das insídias do mar. Tais pesquisas resultaram negativas.

Nessa noite, Paraguaçu teve outra vez o mesmo sonho. Ordenou
Diogo novas buscas, até muito longe estendidas. Passaram-se dias, e
vieram os índios trazer-lhe novas de haver-se despedaçado uma
embarcação de gente branca na costa da ilha de Boipeba, achando-
se em terra os seus tripulantes, a curtir privações. Sem demora, partiu
Caramuru em socorro dos náufragos, que eram castelhanos, tra-
zendo-os com ele.

Entre os náufragos, porém, não estava mulher alguma. E que não viera a bordo pessoa de outro sexo, asseguraram-lhe. Entretanto, à noite de sua volta, a linda mulher tornou aparecer a Catarina, agora sozinha – dizendo-lhe que a mandasse buscar para a sua aldeia e lhe fizesse uma casa. Era-lhe a voz tão harmoniosa, que Paraguaçu despertou extasiada, rogando insistentemente ao marido que fosse de novo à ilha, à procura.

Diogo partiu pela segunda vez, e em todas as aldeias vizinhas do lugar do sinistro, deu rigorosa batida, julgando haverem os tupinambás em custódia a moça que se mostrava à esposa adormecida. Finalmente, na palhoça dum indígena, encontrou pequena arca, que dos destroços do navio soçobrado o mar atirara à praia. Abrindo-a, encontrou uma imagem da Virgem Maria, com o Menino Jesus nos braços.

Ao ver a imagem, Paraguaçu exultou de alegria, nela reconhecendo os traços fiéis da moça dos sonhos. Diogo fez elevar com presteza, perto da sua habitação, uma ermida de taipa, onde colocou o santo vulto. E porque lhe ignorasse a invocação, deu-lhe a de Nossa Senhora da Graça, pelo que fizera aos náufragos, promovendo-lhes o salvamento, e à Catarina revelando-lhe o seu paradeiro. Mais tarde, Caramuru construiu outra igrejinha, mais bem-cuidada, de pedra e cal, no mesmo sítio de hoje, reedificada em 1770.

Desde o começo do povoamento da terra por cristãos, a Santa Virgem começou também a favorecê-los com muitas graças, sendo freqüentes, nos tempos de antanho, as romarias de fiéis que procuravam o seu templo. Aos náufragos, especialmente, e isto logo que foi posta ali, socorreu por multiplicadas vezes. Quando algum navio era sinistrado nas costas próximas, reza a lenda, apareciam umedecidas as vestiduras da santa imagem, testemunhando assim, de maneira irrefragável, a intervenção da Senhora na salvação das vítimas das ondas furiosas e bancos de areia traiçoeiros.

Vindo Dom João de Lencastro governar o Brasil, em 1694, um dos primeiros cuidados que teve ao chegar a esta cidade foi dirigir-se reverentemente à Igreja de Nossa Senhora da Graça, a quem tributava especial devoção, e depor-lhe aos pés o bastão de governador, rogando-lhe, com a mais viva fé, que lhe guiasse os passos na administração da república. Ouviu-lhe Maria Santíssima a súplica, pois os seus longos nove anos de gestão do Estado do Brasil resultaram de muito proveito para os povos, quer nas coisas pertinentes ao temporal, quer nas atinentes ao espiritual.

A Capela que Diogo Álvares elevara, bem como o terreno em derredor, doou-os Catarina Paraguaçu, na penúltima década do século de quinhentos, aos padres de São Bento, após haver obtido do Sumo Pontífice – asseveram-no Frei Vicente do Salvador e Padre Simão de Vasconcelos – muitas relíquias e indulgências para os romeiros.

Eis aí, segundo a história e a lenda, a crônica da tradicional Abadia de Nossa Senhora da Graça, onde jazem as cinzas da piedosa esposa de Diogo Álvares, Caramuru.

A imagem que ainda hoje se venera no altar-mor é a mesma que foi por aquele encontrada no tejupá do índio de Boipeba, vai por mais de quatro séculos, medindo uns seis palmos de altura.

Na sacristia vêem-se três antigos óleos em que figura a celebrada princesa brasílica.

Senhor do Corpo Santo

A Igreja de São Pedro Gonçalves ou do Corpo Santo, no Recife, foi demolida em outubro de 1913. Era igreja velha, já no tempo dos holandeses.

Todas as relíquias, objetos do culto, alfaias, púlpitos, colunas foram guardados na Igreja da Madre de Deus.

E veio também o Senhor do Corpo Santo, imagem impressionante do Senhor Bom Jesus dos Passos, alto, sombrio, macerado, com as manchas roxas de sangue coagulado, assombroso pela naturalidade e grandeza trágica.

Outrora o Senhor do Corpo Santo, na procissão soleníssima dos Sete Passos, saía da sua igreja, na antepenúltima quinta-feira da Quaresma, para o Convento do Carmo, e daí regressava, com acompanhamento, cumprindo um ato litúrgico, que não está nos rituais mas vivia na praxe secular.

Era a Imagem mais sugestiva e possuidora das admirações populares.

Ninguém sabe quem a esculpiu nem a época em que apareceu. Dizem que, numa noite de frio e chuva áspera, clareada de relâmpagos e sonora de trovões, pleno fevereiro de inverno recifense, o frade leigo que estava como porteiro no Convento do Carmo ouviu bater repetidamente à porta.

Abriu-a e deparou um velhinho encharcado, humilde, trêmulo, com uma voz extremamente doce e triste, suplicando agasalho por uma noite.

O porteiro, zangado com o atrevimento, recusou hospedagem e mandou-o dormir na rua ou debaixo das pontes.

E fechou o portão.

O velhinho lá se foi, cambaleando, arrimado a um bordão, até a Igreja de São Pedro Gonçalves, onde bateu. O porteiro-sacristão atendeu. Novo pedido, com voz expirante.

O porteiro, compadecido, fez o velho entrar, deu-lhe o que comer e com que se enxugar, e indicou um recanto na sacristia onde poderia agasalhar-se e dormir, em cima de um colchão.

Pela madrugada, o sacristão foi acordar o velho, levando uma esmola de despedida.

Não o encontrou. Enchia o colchão uma maravilhosa imagem do Senhor Bom Jesus dos Passos, vestida de seda lilás, com resplendor de prata, tão rica, imponente e poderosa de semelhança divina, que o sacristão dobrou os joelhos, contrito.

Quando se espalhou o sucesso, verificado pelo povo que o velhinho mendigo fora o próprio Senhor do Corpo Morto, os frades do Carmo penitenciaram-se, sem culpa maior, pela falta de hospitalidade manifestada pelo irmão leigo da portaria.

E como o Senhor do Corpo Santo procurara primeiramente o Convento do Carmo, alegaram que tinham direito à posse da imagem.

Os padres da Igreja de São Pedro Gonçalves retrucaram, e o caso foi a juízo, com debatido, longo e verboso processo, tornados tão volumosos os tomos da demanda, que eram transportados num jumentinho.

Mas a Igreja de São Pedro Gonçalves ganhou o pleito, cedendo apenas ao Convento do Carmo a honra de hospedar o Senhor do Corpo Santo por uma noite, a noite que fora recusada ao velhinho misterioso e de fala triste.

A Igreja do Corpo Santo, outrora rutilante de luzes, desapareceu, arrasada pelos engenheiros que desejavam ampliar a cidade.

A Igreja da Madre de Deus maternalmente acolheu o Senhor do Corpo Santo numa de suas salas.

E lá continua, sem mais ter volvido a cumprir a tradicional visita ao Convento do Carmo.

Se o olhar, sombrio na majestade do seu sofrimento e de sua solidão litúrgica, reze três "ave-marias"; uma delas por mim. Amém.

CENTRO-OESTE

Romãozinho

*F*ilho de negro trabalhador, Romãozinho nasceu vadio e malcriado.

Tinha todos os dentes, fisionomia fechada, hábitos errantes, nenhuma bondade no coração.

Divertimento era maltratar animais e destruir plantas.

Menino absolutamente perverso.

Um meio-dia, a mãe mandou-o levar o almoço ao pai que trabalhava num roçado, distante de casa.

Romãozinho foi, de má vontade.

No caminho, parou, abriu a cesta, comeu a galinha inteira, juntou os ossos, recolocou-os na toalhinha, e foi entregar ao pai.

Quando o velho deparou ossos em vez de comida, perguntou que brincadeira sem graça era aquela.

Romãozinho entendeu vingar-se da mãe, que ficara fiando algodão no alpendre da casinha:

– É o que me deram... Minha mãe comeu a galinha com um homem que aparece lá em casa quando o senhor não está por perto. Pegaram os ossos e disseram que trouxesse. Eu trouxe. É isso aí...

O negro meteu a enxada na terra, largou o serviço e veio correndo. Encontrou a mulher fiando, curvada, absorvida na tarefa.

Dando crédito ao que lhe dissera o filho, puxou a faca e matou-a.

Morrendo, a velha amaldiçoou o filho que estava rindo:

– Não morrerás nunca. Não conhecerás o céu, nem o inferno, nem o descanso enquanto o mundo for mundo...

O marido morreu de arrependimento. Romãozinho desapareceu, rindo ainda.

Faz muito tempo que este caso sucedeu em Goiás.

O moleque ainda está vivo e do mesmo tamanho; anda por todas as estradas, fazendo o que não presta; quebra telhas a pedradas, espalha animais, assombra gente, tira galinha do choco, desnorteia quem viaja, espalhando um medo sem forma e sem nome; é pequeno, preto, risão, sem ter fé nem juízo.

Homens sérios têm visto Romãozinho.

Furtou uma moça na chapada de Veadeiros; conversou com o coletor de Cavalcanti; virou fogo-azul, indo-e-vindo na estrada, perto de Porto Nacional.

Não morrerá nunca enquanto uma pessoa humana existir no mundo.

E, como levantou falso contra sua própria mãe, nem mesmo no inferno haverá lugar para ele...

SUDESTE

A lenda de Itararé

*E*m tempos idos, a nação indígena que vivia às margens do Paranapanema resolveu abandonar a região, escapando assim às atrocidades praticadas pelos brancos invasores.

Uma noite, porém, já em viagem, quando despertaram, estavam os índios completamente cercados e só à força de tacape conseguiram abrir caminho por entre os adversários; mas, na fuga, uma das mulheres mais formosas da aldeia – Jaíra – caiu sob o poder do chefe do bando contrário, homem forte e valoroso.

Reuniram-se as nações indígenas convocadas, e durante uma lua inteira se prepararam para a guerra. Efetuaram a festa do preparo do *curare*, também chamado *uirari*. Era a mulher mais velha da aldeia quem tinha a honra de preparar o veneno; vestia-se com penas vermelhas, escutava o canto dos pajés e partia para o mato, de onde voltava carregada de ervas. Quando o curare ficava pronto, os vapores da panela subiam; ela os aspirava e caía morta. Assim se fez.

Depois de esfriado o curare, começou a dança em torno à panela, ervando todos os guerreiros as suas flechas. Antes de se iniciar a batalha, chegou um velho de muito longe e entrou a aconselhar, secretamente, os pajés: na guerra contra os brancos, que usavam armas de fogo, só deviam esperar a morte; eles eram muitos e sabiam defender-se; o que deviam fazer era o seguinte:

– Um dos nossos ocultará, perto do acampamento inimigo, filtros de amor que conhecemos, a fim de o chefe ficar apaixonado por Jaíra, e após deverá apresentar-se aos brancos como desertor da aldeia, para trabalhar com eles. Assim terá oportunidade de falar com ela e entregar-lhe drogas preparadas pela tribo. E um dia, quando todos estiverem adormecidos pelo *ariru*, servido no banquete, os guerreiros indígenas, em massa, atacarão subitamente os inimigos, de tacape em punho. Não escapará nenhum dos brancos, cujos cadáveres serão lançados aos corvos.

Tal plano foi aceito pelos pajés.

No dia seguinte partiu o guerreiro, levando os filtros de amor, mas os índios em vão esperaram (como estava combinado) pelo canto da *saracuara*, três vezes em noite de lua nova.

É que o chefe se apaixonara pela linda bugra, e Jaíra também se apaixonara pelo moço, de modo que o guerreiro enviado regressou sem nada haver conseguido.

O tenente Antônio de Sá (assim se chamava o chefe) era casado e residia em Santos, e quando sua esposa soube do amor que o ligava a Jaíra, fez que seu pai a conduzisse ao acampamento dos brancos, onde ela chegou, uma tarde, com muitos pajens e comitiva luzida.

Houve disputa entre os esposos, e, no dia seguinte, Jaíra, muito desgostosa, resolveu partir, dizendo ao tenente que ia esperá-lo à beira do rio Itararé, a fim de fugirem, à noite, pela floresta. E rematou:

– Quando a lua for descendo pelos morros azuis eu cantarei três vezes como a araponga branca, e, se você não comparecer ao lugar da espera, ligarei os pés com um cipó e me atirarei ao rio.

E pôs-se a caminho, deixando, em lágrimas, o moço. À noite, ouviu-se três vezes o canto da araponga branca, mas o chefe dos brancos não foi procurar Jaíra.

Medonha e súbita tempestade revolucionou, então, aquela região, caindo raios numerosos que vitimaram muitos bois, reduzindo bastante os animais do tenente Antônio de Sá.

Ao amanhecer, o chefe foi a cavalo, acompanhado por um pajem, à pedra indicada por Jaíra, mas só achou ali a roupa da infeliz criatura, com uma coroa de flores de maracujá do mato, em cima. O tenente soltou um grito de desespero, e ficou tão alucinado, que se lançou à corrente e não veio mais a terra.

A senhora branca soube do ocorrido, dirigiu-se a cavalo ao rio, onde só viu a roupa de Jaíra e o lugar em que sucumbira o esposo, e em pranto, a vociferar, amaldiçoou o rio em que cuspiu três vezes. Então as águas cavaram o solo e se esconderam no fundo da terra, os peixes ficaram cegos, a mata fanou-se e morreu!...

Contam que quem descia, de noite, à gruta de Itararé veria Jaíra, vestida de branco, com a grinalda de flores de maracujá, tendo ao colo o corpo do moço que morrera por ela. Às vezes, a sua sombra vinha à beira da estrada, matava os viajantes, tirava-lhes o sangue e com ele ia ver se reanimava o seu morto querido.

Dizem, em época mais recente, que a penitência já se acabou; e um dia, quando menos se esperar, as águas do rio hão de abrir de novo as suas margens e hão de espalhar-se pela terra, para refletir, à noite, o fulgor de todas as estrelas.

A Missa dos Mortos

*D*e todas as coisas, porém, capazes de arrepiar cabelo, e que ouvi em minha infância ouro-pretana, nenhuma tão tremenda como a Missa dos Mortos, na Igreja das Mercês de Cima.

Quem m'a contou é pessoa conhecida em toda a cidade de Ouro Preto, e exercia funções incompatíveis com o uso da falsidade em suas informações.

Foi João Leite, o saudoso João Leite, pardo, miudinho, anguloso, sempre montado em seu cavalinho branco, minúscula montaria de hábitos austeros, que se contentava de viver da escassa relva do adro da Igreja.

Seria possível que uma pessoa estimável e honesta como João Leite, sacristão de confiança de uma irmandade, zelador de um templo, tivesse coragem de depois de pregar uma mentira envolvendo mortos respeitáveis, fosse tranqüilamente dormir na sacristia, tendo ao lado um cemitério?

Tenho dúvidas. João Leite era ele próprio uma figura mista, metade deste mundo, metade do outro.

Suas origens eram misteriosas. Foi enjeitado, com horas de nascido, à porta da Santa Casa, em época que não se sabe. Não se sabe, ainda, quando começou a funcionar como sacristão das Mercês. As mais velhas pessoas da cidade já o conheciam desde criança, nesse mister, com a mesma cara, sempre com o mesmo cavalinho branco.

Quando alguém indagava de João Leite suas origens ou o tempo que servia Nossa Senhora das Mercês, em sua Igreja, João Leite sorria e não respondia nada.

Um belo dia, há alguns anos, foi encontrado morto diante do altar-mor, deitado no chão, com as mãos sobre o peito, arrumadinho como se estivesse dentro de um caixão. O cavalinho branco sumiu sem que dele ninguém desse notícias.

Pois João Leite, segundo narrativa que lhe ouvi, já lá vão mais de trinta anos, assistiu a uma Missa dos Mortos.

Morando na sacristia do templo cuja conserva lhe era confiada, achava-se recolhido altas horas da noite, quando ouviu bulha na capela.

A noite era fria e João Leite estava com a cabeça coberta para esquentar-se melhor. Descobriu-a e abrindo os olhos viu claridade.

Seriam ladrões? Mas a Igreja era pobre e qualquer ladrão, por mais estúpido que fosse, saberia que a Igreja das Mercês, sendo paupérrima, não dispunha de prataria, de qualquer outra coisa de valor mercantil. Enfim, podia ser, raciocinou João Leite.

Estava nessa dúvida quando ouviu sussurrado por vozes cavas em coro, o "Deus vos salve" do começo da ladainha.

Ergueu-se e foi resolutamente pelo corredor até a porta que dá para a nave. A Igreja estava toda iluminada, altares, lustres; e completamente cheia de fiéis.

No altar-mor, um sacerdote paramentado celebrava missa.

João Leite estranhou a nuca do padre, muito branca, não se lembrando de calvície tão completa no clero de Ouro Preto.

Os fiéis que enchiam a nave trajavam todos de preto, e entre eles alguns de cogulas, e algumas senhoras com o hábito das Mercês; todos de cabeças baixas.

Quando o Padre celebrante se voltou para dizer o *Dominus Vobiscum*, João Leite verificou que era uma simples caveira que ele tinha em lugar da cabeça.

Assustou-se, e nesse momento reparando nos assistentes, agora de pé, viu que também eles não eram mais do que esqueletos vestidos.

Procurou logo afastar-se dali, e, caminhando, deu com a porta que deitava para o cemitério completamente escancarada.

O melhor que tinha a fazer, fez. Recolheu-se à cama, cobriu a cabeça, transido de medo, e ficou quietinho ouvindo o sussurro das vozes orando, o tinir da campainha na "Consagração" e no *Domine nom sum dignus*, até que voltou de novo o pesado silêncio das frias noites de Vila Rica.

A Virgem Aparecida

*D*om Pedro Miguel de Almeida Portugal e Vasconcelos, Conde de Assumar, Governador de São Paulo e Minas Gerais, assumira seu posto em 4 de setembro de 1717.

Vinha, com séquito lustroso, de São Paulo, para fazer solene entrada em Vila Rica, em 1º de dezembro.

A Câmara de Guaratinguetá mandou notificar os pescadores da ribeira para que trouxessem o melhor peixe para a refeição do Governador e seu cortejo ornamental.

Domingos Garcia, João Alves e Felipe Pedroso, moradores nas margens do rio Paraíba, cumpriram a ordem, partindo, manhã cedo.

Do Porto de José Correia Leite, largaram a canoa, atirando no ar, como uma flor, a rede escura da tarrafa.

Inutilmente as horas passavam. Os lanços sucediam-se na água trêmula do rio tranqüilo. Ia descendo a canoa no Porto de Itaguaçu, Sol a pino, escandescente. A tarrafa mergulhou mais uma vez e os braços puxaram-na, maquinalmente, sem esperança de fruto.

Enrolada no tecido, quase negra, uma figura fora arrastada do fundo do rio. Os pescadores olhavam o achado, suspenso nas mãos fortes de João Alves.

Era um vulto de imagem feminina, de barro cozido, mãos postas, o burel estreito, colado ao corpo magro, hierárquico. Faltava a cabeça. Os homens tinham pescado, como era dos mártires, o corpo de uma santa.

Pouco adiante, no deslizar da correnteza insensível, outro lanço trouxe à luz, entontecedora, a cabeça que faltava.

Completaram a descoberta. Era uma imagem de Nossa Senhora, de invocação desconhecida, humilde obra de santeiro anônimo, guardada pelo rio e trazida à veneração de três pescadores paulistas.

Agora, na tarrafa, não cabe o pescado que surge. Cada lanço é uma torrente de peixes que enche o bojo da canoa, alargando-a com a prata viva das escamas.

Antes do crepúsculo é preciso parar o jogo da tarrafa para que a pequena embarcação se sustenha à flor d'água mansa.

Sobem, cantando de alegria, os pescadores da pesca miraculosa. Felipe Pedroso fica com a imagem. Chamam-na a Virgem Aparecida porque "apareceu", numa entrega espontânea, à posse oblacional dos devotos.

Seis anos Felipe Pedroso a conservou em casa, perto de Lourenço de Sá. Foi morar em Ponte Alta e aí a venerou outros nove anos. Fixou-se em Itaguaçu, lugar do encontro, e aí a deu ao seu filho Atanásio Pedroso.

Com trinta e oito centímetros de altura, pobre e simples, a Virgem Aparecida presidia as orações domésticas no santuário rústico da vivenda.

As primeiras "novenas" foram cantadas. Uma noite a lufada de vento apagou as duas velas. Silvana da Rocha levantou-se para reacendê-las. Sem contato, subitamente, as velas iluminaram-se, resplandecentes.

A fama se espalhou. O lugar possuía, num topônimo que a crença explicava, outro batismo. Era Aparecida.

O vigário de Guaratinguetá, Padre José Alves de Vilela, fez construir a primeira capelinha em 1743. O culto era público. A notoriedade excluía a propriedade inicial de Atanásio Pedroso.

Com licença do Bispo do Rio de Janeiro, Dom Frei João da Cruz, benzeu a Capela da Virgem Aparecida e celebrou a primeira missa, em 26 de julho de 1745.

Milagres levaram o nome da Santa Imagem por todos os recantos. Romarias, promessas, divulgações entusiásticas, determinaram a multiplicação da aldeia que cresceu sempre.

A Capela, reformada, começou a ser substituída por um templo digno das graças que a Fé justificava num contínuo louvor. Em 1846 iniciaram-se os trabalhos, lentos mas seguidos pelas esmolas populares. Em 8 de dezembro de 1888 foi inaugurado pelo Bispo de São Paulo, Dom Lino Rodrigues de Carvalho.

No ano jubilar de 1900, Aparecida hospedou brasileiros de todos os Estados da pátria.

Em 8 de setembro de 1904, na presença do Núncio Apostólico, o Bispo de São Paulo, Dom José de Camargo Barros, coroou a imagem, ao som do "Regina Coeli".

A Capela de 1745 era Basílica em 5 de setembro de 1909.

A imagem de barro, deparada nas águas do Paraíba, invocação de "Nossa Senhora da Conceição Aparecida", foi declarada pelo Papa Pio XI, em decreto de 16 de julho de 1930, "Padroeira Principal de todo o Brasil".

No altar-mor da Basílica, na Aparecida do Norte, em São Paulo, com manto de estrelas, coroa de ouro, mãos postas, está a Virgem que apareceu das águas, vinda pela mão de pescadores, para a veneração do Brasil...

Chico Rei

*U*m Rei africano foi derrotado em combate e feito prisioneiro. O vencedor destruiu aldeias, plantações e celeiros do vencido. Reuniu a Rainha e os príncipes-meninos, sacudiu-os na estrada, como um rebanho sem nome, vendendo-os a todos como escravos, para o Brasil.

Na travessia do Atlântico, o Rei negro perdeu um filho e viu morrerem seus melhores generais e soldados fiéis, de fome, de frio, de maus-tratos.

Impassível na humilhação, majestoso na derrocada, o soberano, riscado de chicotadas, faminto e doente, pisou as areias do Novo Mundo, como o último dos homens.

Foi, dias e dias, exposto no mercado dos escravos, marcado com tinta branca, comendo uma vez por dia.

Um proprietário de minas de ouro, vindo ao Rio de Janeiro para adquirir reforço vivo para o trabalho esgotante das lavras, escolheu o Rei, como quem simpatiza como um forte animal que o cansaço definhou.

Palpou-lhe os braços, os ombros, fê-lo abrir a boca, mastigar, tossir e andar, e comprou-o, num lote, compreendendo mulheres e homens.

Marcharam a pé para as Minas Gerais, ao sol, à chuva, num tropel inominado e melancólico de condenados sem crime.

O Rei, de calças de algodão, busto nu, abria a marcha, como se dirigisse suas tropas, ao alcance das cubatas, cercado de honrarias.

Ficaram todos em Vila Rica.

O Rei negro fora batizado com o nome de Francisco. Os negros escravos, em voz baixa, juntavam os dois títulos supremos do ex-soba valoroso. Diziam-lhe o nome cristão e o predicamento real.

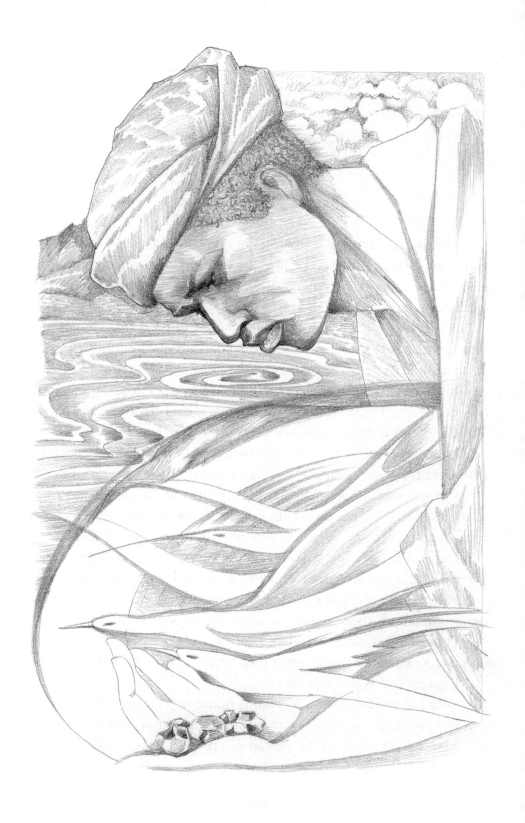

O escravo era Chico Rei.

Silencioso, tenaz, obstinado, o negro revolvia terra e balançava a bateia com a regularidade de uma máquina sem repouso e sem pausa.

Feitor e amo distinguiam-no pela sua sobriedade, esforço invulgar e natural compostura de modos e de ações.

Derredor de sua figura agrupavam-se os escravos que tinham sido guerreiros valentes, curvados, teimosos, insensíveis ao tempo, multiplicando o trabalho.

Um dia, Chico Rei apareceu ao amo com o preço de sua mulher em pepitas de ouro. O fazendeiro aceitou o prêmio e assinou a carta de alforria da negra que fora uma rainha.

Mais algum tempo, Chico Rei era livre.

Ele e a mulher, ajudados pela fidelidade de uma Corte que a desgraça não apagara em valor, economizavam, noite e dia, o preço da liberdade dos filhos e dos vassalos.

Ano a ano Chico Rei retirava da massa cativa homens e mulheres, restituindo ao trabalho livre seus velhos companheiros de armas e de caçadas.

Uma a um, reconstruía-se o reino perdido, agora nas terras americanas.

Comprou ele uma lata de terra na Encardideira. A terra era uma mina de ouro.

Chico Rei ficou rico, e o ouro ampliou os limites do seu domínio que era a reunião de homens livres, presos por um liame de veneração e de esperança.

Rei de manto e coroa, aclamado nas festas de Nossa Senhora do Rosário, Chico Rei era realmente um Soberano, com o poder de um direito que fora conquistado com lágrimas, sofrimentos e martírios. Nenhuma autoridade era superior à sua voz, voz de Rei no mando, sem esquecer os anos igualitários no eito da escravidão.

Negros e negras viviam com conforto e tinham alegrias trovejantes nos bailes populares, nos batuques que se estiravam pelas noites, no círculo sem-fim das danças-ginásticas e coletivas.

No dia 6 de janeiro, da Encardideira, vinha aquele Reino da África, vistoso, empenachado, rutilante de pedrarias, bailando pelas calçadas de Vila Rica, a Outro Preto, aristocrática, povoada de igrejas e de palácios, em louvor da Padroeira dos Escravos.

A Rainha, suas filhas e damas de honor traziam a carapinha empoada de ouro.

Depois da Missa, da Procissão, dos bailados públicos, antes que voltassem ao Reino que se erguia, disciplinado e tranqüilo, na Encardideira, Rainha e vassalas banhavam a cabeça na pia de pedra que há no Alto da Cruz.

No fundo da taça, brilhando na água trêmula, ficava todo o ouro que enfeitara os penteados.

Novos escravos iam sair do cativeiro, resgatados por aquela dádiva singular.

Por isso ninguém esquece, nas terras livres das Minas Gerais, a fisionomia de Chico Rei, o negro soberano, vencedor do destino, fundador de tronos, pela persistência, serenidade e confiança nos recursos eternos do trabalho.

Fonte dos Amores

Onde se estende o Passeio Público, do Rio de Janeiro, refletiam-se ao sol as águas estagnadas da lagoa do Boqueirão, terrenos do Campo da Ajuda, com orla de lama e orquestra de sapos.

Para o alto, na direção do morro de Santa Teresa, erguia-se uma casinha romântica, ao lado de uma palmeira ornamental. Morava aí a linda Suzana, a moça mais bonita e mais pobre dos arredores, com sua velha avó.

Suzana era noiva de Vicente Peres, auxiliar de botânica de Frei Conceição Veloso, apaixonado e ciumento.

Dom Luís de Vasconcelos e Souza, décimo segundo Vice-Rei do Brasil, governava.

Vez por outra, passeando, o futuro Conde de Figueiró encontrava Suzana, parando para admirá-la. E acabou desejando por sua a menina carioca, descuidada e simples, moradora na solidão da lagoa sinistra.

Cheio de planos de reforma, Dom Luís fazia-se acompanhar pelo seu executor fiel nas construções e sonhos, Valentim da Fonseca e Silva, Mestre Valentim, mestiço, fusco e genial, cujos modelados orgulham a torêutica brasileira.

O Vice-Rei e Mestre Valentim, ocultos numa touceira de bambus, espreitavam Suzana, surpreendendo-a em idílio com o enamorado Vicente Peres.

O noivo soubera dos encontros com Dom Luís, e lamentava a traição ingrata da futura esposa. A menina defendia-se, defendendo o Vice-Rei, tão longe e tão próximo.

– Não deve acusar nem desconfiar de mim. Dom Luís é um coração de ouro, pai dos pobres, justiceiro e valente. Nunca oprimiu nem perseguiu ninguém. Deus o protege porque ele é forte e generoso. Em vez de você pensar que ele está contra a nossa felicidade, deve, bem antes, procurá-lo e pedir-lhe a proteção. Estou convencida de que tudo ficará melhor para nós. Tenha confiança nele como eu tenho...

Dom Luís, bem contra a sua vontade, enterneceu-se. Jurou, mentalmente, que faria melhor serviço a Deus, protegendo um casalzinho jovem, que conquistando uma mocinha pobre. Sem fazer rumor, sempre com Mestre Valentim, recuou, ganhou o piso sinuoso da estrada, montou a cavalo e voltou para o Paço, sonhando as compensações que Vicente Peres merecia.

No outro dia mandou-o chamar. Nomeou-o secretário de Frei Veloso, que estava classificando o material brasileiro da "Flora Fluminense", e mais um cargo na Alfândega, quando terminasse a tarefa.

E, meses depois, acompanhou Suzana e Vicente ao altar, na manhã do casamento, como padrinho e protetor.

A lagoa do Boqueirão foi vencida pelos trabalhos que Mestre Valentim chefiava, sob a palavra animadora do Vice-Rei. Sobre o terreno consolidado plantou-se um horto, e dezenas de árvores cobriram de sombras agasalhadoras o que dantes era lodo e cisco. Nascera, por mais de cem anos, o mais popular e querido dos logradouros do Rio de Janeiro.

Mestre Valentim, sob comando, concebeu e realizou uma fonte-monumento, a Fonte dos Amores, nome de mistério que a lembrança de Suzana presidia e explicava.

Acostada ao muro do lado do mar, via-se uma cascata. No cimo, alta e esguia, subia uma palmeira de bronze, representando aquela que cobrira a choupana desaparecida. Entre as pedras, irregulares e artísticas, pisavam três garças de bronze, leves, airosas, ignorantes do perigo oculto, materializado em dois grandes jacarés, de caudas entrelaçadas, goelas abertas, de onde caía, em continuidade sonora, as águas límpidas.

As garças eram Suzana, Vicente e a avozinha. Os dois jacarés personalizavam o próprio Vice-Rei e seu companheiro, o modelador do fontenário, inaugurado em 1783.

O tempo derrubou a palmeira de bronze, lembrança da tranqüilidade primitiva e bucólica. As três garças, memórias das vidas doces e confiadas, desapareceram.

Quem for visitar o Passeio Público, e olhar a Fonte dos Amores, verá que somente os dois jacarés, símbolo da cobiça astuciosa, resistiram e estão vivendo, mandíbulas abertas, através dos séculos...

O Frade e a Freira

Quando a região se povoava no trabalho da terra, vieram também os semeadores da Fé, pregando e sofrendo ao lado dos homens pecadores.

Um frade ali missionou, ensinando orações e espalhando exemplos de esperança.

Era moço, forte, soldado da milícia que vencia o mundo, batalhando por Jesus Cristo.

Na aldeia, não mais acampamento indígena e ainda não Viladel-Rei, freiras divulgavam a ciência do esforço e do sacrifício, silenciosa e contínua como o correr de um rio na solidão.

Aqueles que se deram a Deus, só a Ele pertencerão eternamente. O amor divino é absoluto e completo. Nada restará para a esmola a outros amores.

Frade e Freira, servo e esposa de Cristo, amaram-se, tendo os sinais visíveis do juramento a um outro amor, inviolável e severo.

Foram amando e padecendo, abafando no coração a chama alta do desejo fremente, invasora, sonora de paixão.

As razões iam desaparecendo na marcha alucinante de um amor tão vivo e maravilhoso como a terra virgem que o acolhia.

De furto, orando, chorando, penando, encontravam-se para um olhar mais demorado e uma recordação mais cruel e deliciosa.

Nas margens do Itapemirim andavam as duas sombras negras, lentas, numa procissão de martírio, resistindo às tentações da floresta, do silêncio e da vontade envolvedora.

Se foram ou não um do outro, num milagre humano de esquecimento, não recorda a memória popular.

Apenas, uma vez, não voltaram às suas casas. Faltou um frade nas *matinas* e houve um lugar vago entre as freiras.

Às margens do Itapemirim, claro e rápido, sobre fundamentos de granito, ergueu-se o casal, num diálogo que atravessa os séculos, ouvido pelas tempestades e compreendido pelos passarinhos.

É o grupo do Frade e a Freira...

Transformou-os Deus em duas estátuas de pedra, reconhecíveis, identificáveis, perfeitas.

Não os separou nem os uniu num abraço perpétuo à face dos homens.

Deixou-os próximos e distanciados, nas atitudes de meditação e de reza, de sonho e de resignação, frente a frente, imagem da imóvel fidelidade, da obstinação amorosa, esperando o infinito.

E assim, eternamente, ficarão...

Os tatus brancos

*F*oi no tempo em que os vossos avós desciam o Tietê ao sabor das Monções ou vingavam a serra da Mantiqueira, em busca do ouro.

Reduzida escolta bandeirante ficara perdida numa região agreste das Minas Gerais, conhecida pela grande quantidade de furnas e cavernas temerosas. Toda a noite, nos pousos, os forasteiros ouviam de um caboclo velho da escolta, histórias do desaparecimento misterioso de gente de bandeiras anteriores, sem que jamais se lhe pudesse encontrar o mínimo vestígio: eram vítimas decerto dos índios vampiros chamados "tatus brancos" que, enxergando como as corujas batuqueiras, na noite mais tenebrosa varejavam à disparada, a horas mortas, campos e matos, em procura de presa.

Nenhuma caça apreciavam tanto quanto a carne humana, cujo cheiro, como os cães de melhor faro, sentiam de longe.

Essas histórias de meter medo, em vez de fazerem recuar daquelas paragens malditas o punhado de bandeirantes, excitavam a curiosidade de um moço que era, pelo nascimento e a consideração dos companheiros, o seu chefe. Deliberou desvendar o mistério e descobrir os "tatus brancos", que ninguém tinha visto, pois quem os chegou a ver não voltou mais para contar. O caboclo velho instava para que se retirassem dali, onde nada de bom poderiam esperar, mas o moço insistia em penetrar nos pontos menos acessíveis e mais horrendos. Uma noite, no pouso, sob um pau-terra copudo e retorcido, ouviram de longe um vozeiro estranho e agourento.

– Patrão, escute a voz do caboclo que conhece as traições do sertão bravo. Mecê me perdoe! Eles têm faro como cachorro: se nós não fugirmos já, estamos comidos como uns bichinhos à-toa! São eles! Eles vêm mesmo!

Como única resposta, o moço chefe deu um muxoxo de desprezo.

E o vozeiro estranho soou mais uma vez pelas quebradas da serra.

– O que vier, topa! – regougou uma voz.

Neste ponto ouviu-se um tropel distante como se fora a cabritada aos pulos pelas abas dos morros. Os bandeirantes apertaram as zagaias e escorvaram as colubrinas. Não tardou muito a que o vozeiro que ora soava, ora morria ao longe, tomasse uma direção certa e se transformasse em algazarra infernal.

E logo depois, alapardados atrás das árvores dos cerrados, os bandeirantes agüentavam a fio de facão, a pontaços de azagaia e balázios de colubrinas pederneiras, no meio da escuridão, ao mais estranho assalto da sua vida aventurosa de guerreiros das brenhas.

No meio de uivos, rugidos e gargalhadas, um a um foram caindo ou sendo subjugados, não sem terem feito verdadeira chacina na massa dos seus agressores.

Vivos, mortos e moribundos, foram todos arrastados durante longa marcha a uma caverna que parecia a residência principal dessa chusma nunca vista.

Dos companheiros, o único a dar acordo de si foi o moço chefe, cuja beleza e juventude provocaram a amorosa compaixão de alguém que ele sentiu junto de si. Seus olhos afeitos pouco a pouco à escuridão distinguiam melhor os vultos de um enxame de pigmeus, cuja estatura mal excedia à metade do tamanho de um homem normal. Ouvia no meio de uma grita feroz um bater de queixos sinistro, que lhe tirava toda a esperança de salvação e o certificava do cruel destino dos companheiros. Entretanto, não se esquecia dele quem o pudera livrar até então da sanha voraz daquela horrível alcatéia.

O tempo que ali permaneceu em meio da escuridão, o moço bandeirante nunca soube deveras quanto foi. O certo é que, acompanhado de perto do seu vigia, teve a dita de sair do covil uma noite, após a partida do bando, que não vivia senão à noite e todas

as noites batia matos e cerrados, caçando. Não podendo, porém, correr no escuro como os "tatus brancos", teve pretexto de afastar-se com o guarda, do grosso do bando e estirar-se no chão, a fingir que dormia; o guarda, que, já tereis duvidado, era uma mulher, ali ficou a vigiar-lhe o sono, até que a imobilidade o entorpecesse também.

O bandeirante não desejava outra coisa. Só a luz do dia poderia salvá-lo, porque os "tatus brancos" de modo algum a suportavam.

Assim, antes que o rosicler ourelasse a linha escura das cumeadas, recolhia-se o bando inteiro aos seus covis. Desta vez o amor fizera mais um milagre. A madrugada surpreendeu, fora da sua furna, a salvadora do bandeirante. Despertando em sobressalto, levou as mãos aos olhos e com gestos desesperados tentou arrastar o moço para a caverna. Só então pôde vê-la e por ela conhecer os da sua tribo. Era pequenina e branca; cabelos longos, de um louro embaçado, caíam-lhe abundantes sobre as costas. Quanto mais clareava o dia, maior parecia a angústia da princesinha dos "tatus brancos" que tapava com as mãos os olhos gázeos, bracejava e gemia, incapaz de caminhar, às tontas, como inteiramente cega. O bandeirante olhou uma última vez para a triste selvagem, e fugiu da terra maldita.

– Eis aí, se me não traiu a memória, a lenda, lida em criança, da existência de uma tribo de canibais trogloditas, ou habitantes das cavernas, notívagos como as corujas.

SUI

A gralha azul

*P*ois foi à fazenda dos Pinheirinhos que veio ter um dia o Fidêncio Silva, homem de grandes negócios, com casa matriz em Curitiba e filial em Ponta Grossa. Havia muito já que não experimentava descanso daquela agitação comercial em que vivia e a necessidade de um repouso prolongado tornara-se-lhe cada vez mais patente.

Ora, Fidêncio Silva era parente afastado da esposa de José Fernandes. Assim, logo que pensou em descanso, lembrou-se dos Pinheirinhos, longe daquele bulício de transações e onde o clima não podia ser mais saudável.

E não tardou que estivesse a respirar, com evidente contentamento, o ar puro e varrido da campanha guarapuavana.

José Fernandes recebeu-o fidalgamente, como costumava fazer para todos que traziam uma certa importância de responsabilidades. Pôs os Pinheirinhos à disposição do seu hóspede pelo tempo que desejasse: um, dois, três meses e mais se lhe aprouvesse. Ali teria plena liberdade; quando não quisesse sair nas ocasiões de rodeio, poderia ficar em casa, a uma sombra do pomar, folheando qualquer livro da sua biblioteca quase totalmente agrária, mas que possuía, também, alguma literatura. E passeios igualmente não faltariam: um dia voltearia um rincão; outro iria às terras de planta, levando espingarda para espantar algum porco-do-mato; hoje faria uma caçada de anta mais para o sertão ou sairia a passarinhar pelos capões; amanhã correria a vizinhança, ouvindo prosa de caboclo; e até pescaria, se quisesse, poderia fazer no Picuiry, três léguas sertão adentro.

Dessa maneira não havia como não corressem agradabilíssimos os trinta dias que Fidêncio Silva pretendia passar nos Pinheirinhos.

E assim foi.

Um domingo depois do almoço, saiu à caça com o fazendeiro.

Bem municiados, espingardas suspensas pelas bandoleiras ao ombro, entranharam-se os dois por extenso e tapado capão, "querência certa de muito veado, cutia e quati" – afirmava o José Fernandes.

Mas a sua asserção foi logo posta em cheque pela evidência dos fatos: os caçadores não viam um só animalzinho que merecesse chumbo grosso, embora já tivessem andado muito. Passaram então a sondar a ramagem, na esperança de divisar algum pássaro de saborosa carnadura.

Em certo momento Fidêncio Silva parou e fez um sinal de silêncio ao companheiro. Depois, engatilhou, apressado, a arma, e firmou pontaria, visando a fronde de retorcida guabirobeira.

O fazendeiro procurou a caça, erguendo o olhar para a direção indicada pelo cano da espingarda. Súbito, um tremor sacudiu-lhe o corpo e, de um pincho, esteve ele ao lado de Fidêncio Silva. Mas já era tarde: o rebôo do tiro perdia-se molemente pelas quebradas da mata, soturno, a evocar tristeza naquela quietude frouxa de um mormaço estonteante.

A expressão condoída da fisionomia do José Fernandes durou pouco e de todo desapareceu ao ruflar das asas ligeiras esgueirando-se assustadiças por entre as tramadas franças. O atirador errara o alvo e, boquiaberto, todo interrogação, estacava os olhos no fazendeiro, que, ainda com a mão no cano da arma, que pretendera desviar antes do tiro partir, desafogava um longo suspiro de satisfação.

– Meus parabéns!, foram as primeiras palavras de José Fernandes, entre irônicas e zombeteiras.

– Parabéns!?, exclamou, ainda mais intrigado, o Fidêncio Silva.

– Então não merece cumprimentos o caçador que erra tiro em gralha azul? Renovo-os: toque nestes ossos!

E estendeu-lhe a destra.

– Quero compreender as suas palavras, mas creia, não posso atinar com o porquê do seu arrebatamento de há pouco. Não matar com carga de chumbo um pássaro do tamanho dessa gralha, concordo que seja de péssimo atirador; porém...

– Não. Não o censurei por errar. Muito pelo contrário: apresentei-lhe os meus sinceros parabéns.

Confundido, meio envergonhado, o Fidêncio Silva confessou:

– O amigo tem, então, duas coisas para explicar-me.

– Uma só, uma só. – Emendou logo o fazendeiro. – Há coerência entre as minhas palavras e a anterior atitude. Eu lhe conto tudo. Sente-se aí nesse tronco caído e escute-me.

O negociante obedeceu maquinalmente. Depois tirou de um lenço e pôs-se a enxugar o suor que lhe escorria pelo rosto, enquanto, largando o corpo preguiçosamente sobre a trançada grama, José Fernandes foi falando assim:

– Era no inverno, quinze anos atrás. Havia muita seca e o gado caía de magro. Certa tarde montei a cavalo e saí a costear banhados e a percorrer sangas, na esperança de salvar alguma criação que porventura se atolasse ao saciar a sede. Levava comigo uma velha espingarda de ouvido, que sempre me acompanhava, porque naquele tempo não poupava graxaim que encontrasse pelo campo, a negociar leitões e carneirinhos. Pois bem, regressava para casa, vagaroso, o pensamento nos grandes prejuízos que a seca estava ocasionando, quando vi um bando de gralhas azuis descer à beira de um capão, entre numeroso grupo de pinheirinhos. Para afugentar, ainda por pouco, a minha tristeza, acrescida pelo fato de ter naquela volteada encontrado mais duas reses estraçalhadas pelos corvos, resolvi dar caça àqueles animaizinhos. Aproximei-me cauteloso, apeando a respeitosa distância. Não muito longe, detive-me à sombra de um pinheirinho e contemplei, por instantes, o bando. Eram poucas as gralhas, e notei que revolviam o solo com o bico. Fazer pontaria e puxar gatilho foi obra de um momento. Mas, ai! que horrível o segundo que se lhe seguiu: a espoleta estraçalhou-se e vários estilhaços, de mistura com os resíduos da pólvora, vieram dar em cheio em meu rosto. Tonteei, bambearam-se-me as pernas e caí sobre a maceca.

Quanto tempo estive desacordado, não lhe sei dizer. Antes, porém, de recuperar os sentidos, quando o Sol já se encobria por trás da mata, um pesadelo fabuloso, qual uma história de fadas, gravou-se-me na memória. Revi-me de arma em punho, pronto para fazer fogo. Quando o fiz, iluminou-se o alvo e, abertas as asas brilhantes, o peito a sangrar, veio ele de manso, se achegando a mim. Os pés franzinos evitavam os sapés esparsos pelo chão e o andar esbelto tinha qualquer coisa de divino. Dardejante o seu olhar, estremeci ante aquela figurinha de ave e deixei cair a arma. Estático já, estarreci ao ouvir os sonoros e compreensíveis sons que aquele delicado bico soltava naturalmente. Dizia a gralha:

"– És um assassino! Tuas leis não te proíbem matar um homem? E quem faz mais do que um homem não vale pelo menos tanto quanto ele? Eu, como humilde avezinha, entoando a minha tagarelice selvagem como o marinheiro entoa o seu canto de animação na véspera de praticar seus feitos, faço elevar-se toda essa floresta de pinheiros; bordo a beira das matas com o verdor dessas viçosas árvores perfeitamente eretas; multiplico, à medida de minhas forças, o madeiro providencial que te serve de teto, que te dá o verde das invernadas, que te engorda o porco, que te aquece o corpo, que te locomove dando o nó de pinho para substituir o carvão-de-pedra nas vias férreas. E ignoras como eu opero!... Vem. Acompanha-me ao local onde me interrompeste o trabalho, para aprenderes o meu doce mister. Vês? Ali está a cova que eu fazia e, além, o pinhão já sem cabeça, que eu devia nela depositar com a extremidade mais fina para cima. Tiro-lhe a cabeça porque ela apodrece ao contato da terra e assim apodrece o fruto todo, e planto-o de bico para cima a fim de favorecer o broto. Vai. Não sejas mais assassino. Esforça-te, antes, por compartilhar comigo nesta suave labuta".

A gralha desapareceu e eu voltei à razão.

Levantei-me a custo e fui ao local escavado pelas aves, uma das quais jazia com o peito manchado de sangue, ao lado de um pinhão já sem cabeça. Admirado, verifiquei a certeza da visão: mais adiante cavouquei com as mãos a terra revolvida de fresco e descobri um pinhão com a ponta para cima e sem cabeça.

O José Fernandes fez uma pausa e depois concluiu, mal encobrindo a sua alegria:

– Aí está, caro Fidêncio, como vim a ser um plantador de pinheiros. Quero valer mais que um homem: quero valer uma gralha azul.

O Negrinho do Pastoreio

*N*aquele tempo os campos ainda eram abertos, não havia entre eles nem divisas nem cercas; somente nas volteadas se apanhava o gado chucro, e os veados e os avestruzes corriam sem empecilhos.

Era uma vez um estancieiro, que tinha uma ponta de surrões cheios de onças e meias doblas e mais muita prataria; porém era muito cauíla e muito mau, muito.

Não dava pousada a ninguém, não emprestava um cavalo a um andante, no inverno o fogo da sua casa não fazia brasas; as geadas e o minuano podiam entanguir gente, que a sua porta não se abria; no verão a sombra dos seus umbus só abrigava os cachorros; e ninguém de fora bebia água das suas cacimbas.

Mas também quando tinha serviço na estância, ninguém vinha de vontade dar-lhe um ajutório; e a campeirada folheira não gostava de conchavar-se com ele, porque o homem só dava para comer um churrasco de tourito magro, farinha grossa e erva caúna e nem um naco de fumo... e tudo, debaixo de tanta somiticaria e choradeira, que parecia que era o seu próprio couro que ele estava lonqueando...

Só para três viventes ele olhava nos olhos: era para o filho, menino cargoso como uma mosca, para um baio cabosnegros, que era o seu parelheiro de confiança, e para um escravo, pequeno ainda, muito bonitinho e preto como carvão e a quem todos chamavam somente o Negrinho.

A este não deram padrinhos nem nome; por isso o Negrinho se dizia afilhado da Virgem, Senhora Nossa que é a madrinha de quem não a tem.

Todas as madrugadas o Negrinho galopeava o parelheiro baio; depois conduzia os avios do chimarrão e à tarde sofria os maus-tratos do menino, que o judiava e se ria.

Um dia, depois de muitas negaças, o estancieiro atou carreira com um seu vizinho. Este queria que a parada fosse para os pobres; o outro que não, que não!, que a parada devia ser do dono do cavalo que ganhasse. E trataram: o tiro era trinta quadras, a parada, mil onças de ouro.

No dia aprazado, na cancha da carreira havia gente como em festa de santo grande.

Entre os dois parelheiros a gauchada não sabia decidir, tão perfeito era e bem lançado cada um dos animais. Do baio era fama que quando corria, corria tanto, que o vento assobiava-lhe nas crinas; tanto, que só se ouvia o barulho mas não se lhe viam as patas baterem no chão... E do mouro era voz que quanto mais cancha, mais agüente, e que desde a largada ele ia ser como um laço que se arrebenta.

As parcerias abriram as guaiacas, e aí no mais já se apostavam aperos contra rebanhos e redomões contra lenços.

– Pelo baio! Luz e doble!...

– Pelo mouro! Doble e luz!...

Os corredores fizeram as suas partidas à vontade e depois as obrigadas; e quando foi na última, fizeram ambos a sua senha e se convidaram. E amagando o corpo, de rebenque no ar, largaram, os parelheiros meneando cascos, que parecia uma tormenta...

– Empate! Empate!, gritavam os aficionados ao longo da cancha por onde passava a parelha veloz, compassada como numa colhera.

– Valha-me a Virgem Madrinha, Nossa Senhora!, gemia o Negrinho. Se o sete léguas perde, o meu senhor me mata! Hip-hip-hip!...

E baixava o rebenque, cobrindo a marca do baio.

– Se o corta-vento ganhar é só para os pobres!... retrucava o outro corredor. Hip-hip!

E cerrava as esporas no mouro.

Mas os fletes corriam, compassados como numa colhera. Quando foi na última quadra, o mouro vinha arrematado e o baio vinha aos tirões... mas sempre juntos, sempre emparelhados.

E a duas braças da raia, quase em cima do laço, o baio assentou de sopetão, pôs-se em pé e fez uma cara-volta, de modo que deu ao mouro tempo mais que preciso para passar, ganhando de luz aberta! E o Negrinho, de um pêlo, agarrou-se como um ginetaço.

– Foi mau jogo!, gritava o estancieiro.

– Mau jogo!, secundavam os outros da sua parceria.

A gauchada estava dividida no julgamento da carreira; mais de um torena coçou o punho da adaga, mais de um desapresilhou a pistola, mais de um virou as esporas para o peito do pé... Mas o juiz, que era um velho do tempo da guerra de Sepé-Tiarayú, era um juiz macanudo, que já tinha visto muito mundo. Abanando a cabeça branca sentenciou, para todos ouvirem.

– Foi na lei! A carreira é de parada morta; perdeu o cavalo baio, ganhou o cavalo mouro. Quem perdeu, que pague. Eu perdi cem gateadas; quem as ganhou venha buscá-las. Foi na lei!

Não havia o que alegar. Despeitado e furioso o estancieiro pagou a parada, à vista de todos atirando as mil onças de ouro sobre o poncho do seu contrário, estendido no chão.

E foi um alegrão por aqueles pagos, porque logo o ganhador mandou distribuir tambeiros e leiteiras, covados de baeta e baguais e deu o resto, de mota, ao pobrerio. Depois as carreiras seguiram com os changueiritos que havia.

O estancieiro retirou-se para a sua casa e veio pensando, pensando, calado, em todo o caminho. A cara dele vinha lisa, mas o coração vinha corcoveando como touro de banhado laçado a meia espalda... O trompaço das mil onças tinha-lhe arrebentado a alma.

E conforme apeou-se, da mesma vereda mandou amarrar o Negrinho pelos pulsos a um palanque e dar-lhe, dar-lhe uma surra de relho.

Na madrugada saiu com ele e quando chegou no alto da coxilha falou assim: – Trinta quadras tinha a cancha da carreira que tu perdeste: trinta dias ficarás aqui pastoreando a minha tropilha de trinta tordilhos negros...

"O baio fica de piquete na soga e tu ficarás de estaca!"

O Negrinho começou a chorar, enquanto os cavalos iam pastando.

Veio o sol, veio o vento, veio a chuva, veio a noite. O Negrinho, varado de fome e já sem força nas mãos, enleiou a soga num pulso e deitou-se encostado a um cupim.

Vieram então as corujas e fizeram roda, voando, paradas no ar e todas olhavam-no com os olhos reluzentes, amarelos na escuridão. E uma piou e todas piaram, como rindo-se dele, paradas no ar, sem barulho nas asas.

O Negrinho tremia, de medo... porém de repente pensou na sua madrinha Nossa Senhora e sossegou e dormiu.

E dormiu. Era já tarde da noite, iam passando as estrelas; o Cruzeiro apareceu, subiu e passou; passaram as Três Marias; a Estrela d'Alva subiu... Então vieram os guaraxains ladrões e farejaram o Negrinho e cortaram a guasca da soga. O baio sentiu-se solto, rufou a galope, e toda a tropilha com ele, escaramuçando no escuro e desguaritando-se nas canhadas.

O tropel acordou o Negrinho; os guaraxains fugiram, dando berros de escárnio.

Os galos estavam cantando, mas nem o céu nem as barras do dia se enxergava: era a cerração que tapava tudo.

E assim o Negrinho perdeu o pastoreio. E chorou.

O menino maleva foi lá e veio dizer ao pai que os cavalos não estavam. O estancieiro mandou outra vez amarrar o Negrinho pelos pulsos a um palanque e dar-lhe, dar-lhe uma surra de relho.

E quando era já noite fechada ordenou-lhe que fosse campear o perdido. Rengueando, chorando e gemendo, o Negrinho pensou na sua madrinha Nossa Senhora e foi ao oratório da casa, tomou o cotoco de vela aceso em frente da imagem e saiu para o campo.

Por coxilhas, canhadas, nas becas dos lagões, nos paradeiros e nas restingas, por onde o Negrinho ia passando, a vela benta ia pingando cera no chão; e de cada pingo nascia uma nova luz, e já eram tantas que clareavam tudo. O gado ficou deitado, os touros não escarvaram a terra e as manadas chucras não dispararam... Quando os galos estavam cantando, como na véspera, os cavalos relincharam todos juntos. O Negrinho montou no baio e tocou por diante a tropilha, até a coxilha que o seu senhor lhe marcara.

E assim o Negrinho achou o pastoreio. E se riu...

Gemendo, gemendo, gemendo, o Negrinho deitou-se encostado ao cupim e no mesmo instante apagaram-se as luzes todas; e sonhando com a Virgem, sua madrinha, o Negrinho dormiu. E não apareceram nem as corujas agoureiras nem os guaraxains ladrões; porém pior do que os bichos maus, ao clarear o dia veio o menino, filho do estancieiro e enxotou os cavalos, que se dispersaram, disparando campo fora, retouçando e desguaritando-se nas canhadas. O tropel acordou o Negrinho e o menino maleva foi dizer ao seu pai que os cavalos não estavam lá...

E assim o Negrinho perdeu o pastoreio. E chorou...

O estancieiro mandou outra vez amarrar o Negrinho pelos pulsos a um palanque e dar-lhe, dar-lhe uma surra de relho... dar-lhe até ele não mais chorar nem bulir, com as carnes recortadas, o sangue vivo escorrendo do corpo... O Negrinho chamou pela Virgem sua madrinha e Senhora Nossa, deu um suspiro triste, que chorou no ar como uma música, e pareceu que morreu...

E como já era noite e para não gastar a enxada em fazer uma cova, o estancieiro mandou atirar o corpo do Negrinho na panela de um formigueiro, que era para as formigas devorarem-lhe a carne e o sangue e os ossos... E assanhou bem as formigas; e quando elas, raivosas, cobriram todo o corpo do Negrinho e começaram a trincá-lo, é que então ele se foi embora sem olhar para trás.

Nessa noite o estancieiro sonhou que ele era, ele mesmo, mil vezes e que tinha mil filhos negrinhos, mil cavalos baios e mil vezes mil onças de ouro... e que tudo isto cabia folgado dentro de um formigueiro pequeno...

Caiu a serenada silenciosa e molhou os pastos, as asas dos pássaros e a casca das frutas.

Passou a noite de Deus e veio a manhã e o Sol encoberto.

E três dias houve cerração forte, e três noites o estancieiro teve o mesmo sonho.

A peonada bateu o campo, porém ninguém achou a tropilha e nem o rastro.

Então o senhor foi ao formigueiro, para ver o que restava do corpo do escravo.

Qual não foi o seu grande espanto, quando, chegado perto, viu na boca do formigueiro o Negrinho de pé, com a pele lisa, perfeita, sacudindo de si as formigas que o cobriam ainda!... O Negrinho, de pé, e ali ao lado, o cavalo baio, e ali junto a tropilha dos trinta tordilhos... e fazendo-lhe frente, de guarda ao mesquinho, o estancieiro viu a madrinha dos que não a tem, viu a Virgem, Nossa Senhora, tão serena, pousada na terra, mas mostrando que estava no céu... Quando tal viu, o senhor caiu de joelhos diante do escravo.

E o Negrinho, sarado e risonho, pulando de em pêlo e sem rédeas no baio, chupou o beiço e tocou a tropilha a galope.

E assim o Negrinho pela última vez achou o pastoreio. E não chorou, e nem se riu.

Correu no vizindário a nova do fadário e da triste morte do Negrinho devorado na panela do formigueiro.

Porém logo, de perto e de longe, de todos os rumos do vento, começaram a vir notícias de um caso que parecia milagre novo...

E era, que os pastoreiros e os andantes, os que dormiam sob palhas dos ranchos e os que dormiam na cama das macegas, os chasques que cortavam por atalhos e os tropeiros que vinham pelas estradas, mascates e carreteiros, todos davam notícia – da mesma hora – de ter visto passar, como levada em pastoreio, uma tropilha de tordilhos, tocada por um Negrinho, gineteando de em pêlo, em um cavalo baio!

Então, muitos acenderam velas e rezaram o Padre-Nosso pela alma do judiado. Daí por diante, quando qualquer cristão perdia uma coisa, o que fosse, pela noite velha o Negrinho campeava e achava, mas só entregava a quem acendesse uma vela, cuja luz ele levava para pagar a do altar de sua madrinha, a Virgem, Nossa Senhora, que o remiu e salvou e dera-lhe uma tropilha, que ele conduz e pastoreia, sem ninguém ver.

Todos os anos, durante três dias, o Negrinho desaparece: está metido em algum formigueiro grande, fazendo visitas às formigas, suas amigas; a sua tropilha esparrama-se; e um aqui, outro por lá, os seus cavalos retouçam nas manadas das estâncias. Mas ao nascer do sol do terceiro dia, o baio relincha perto do seu ginete; o Negrinho monta-o e vai fazer a sua recolhida; é quando nas estâncias acontece a disparada das cavalhadas e a gente olha, olha, e não vê ninguém, nem na ponta, nem na culatra.

Desde então e ainda hoje, conduzindo o seu pastoreio, o Negrinho, sarado e risonho, cruza os campos, corta os macegais, bandeia as restingas, desponta os banhados, vara os arroios, sobe as coxilhas e desce às canhadas.

O Negrinho anda sempre à procura dos objetos perdidos, pondo-os de jeito a serem achados pelos donos, quando estes acendem um coto de vela, cuja luz ele leva para o altar da Virgem, Senhora Nossa, madrinha dos que a não têm.

Quem perder suas prendas no campo, guarde uma esperança; junto de algum moirão ou sob as ramas das árvores, acenda uma vela para o Negrinho do pastoreio e vá lhe dizendo:

– Foi por aí que eu perdi... Foi por aí que eu perdi!...

Se ele não achar... ninguém mais.

Algumas Notas

VOCABULÁRIO E INFORMAÇÕES

LENDA DA IARA

João Barbosa Rodrigues (1842-1909). Botânico, arqueólogo, etnógrafo, grande estudioso do folclore indígena. A lenda transcrita, comum a todo Brasil, faz parte do seu ensaio: "Lendas, Crenças e Superstições" publicado na *Revista Brasileira*, tomo X, p. 35-37, Rio de Janeiro, 1881.

Iara: Significa mãe-d'água, senhora d'água, de *i*, água, e *ara*, senhora. A pronúncia do *ig* do *i* (o autor escrevia y) tem feito com que de diferentes formas se tenha escrito essa palavra; assim temos ioara, gauara, oioara etc. (BR).

Igarapé: Braço de rio que penetra pelo interior das terras, podendo apresentar condições de navegabilidade, ou então originar-se de veios de nascentes em determinados pontos. (*Vocabulário Amazonense*, Alfredo da Mata, Manaus, 1939).

Matupiris: Peixinhos que andam em bandos pelas margens dos rios (BR).

Igapó: Floresta afogada (BR).

Jauaris: Palmeiras, *Astrocarym jauary*, Mart.

Mururé: Pontederia, conhecida também por dama-do-lago, (BR). Denominação amazonense de várias ninfáceas e silvináceas.

O Gigante dos rios: É o rio Amazonas.

Piracema: Cardume de peixe quando sobe os igarapés para desovar (BR).

Apucuitaua: O mesmo que Iapucuitá, remo, segundo Stradelli.

Montaria: Embarcação de tamanho variado e típica na Amazônia. O remador e piloto ao mesmo tempo senta-se no primeiro banco da proa e aí com o remo em feitio a lembrar uma pá movimenta e dirige a embarcação em lugares rasos por ter a embarcação o fundo achatado e atracação fácil pela proa e até pela popa (*Vocabulário Amazonense*, de Alfredo da Mata).

Murizal: Aglomeração de muris, gramínea aquática muito encontradiça nos rios amazônicos.

Iacumá: Remo (BR), jacumã.

Tejupar: Palhoça (BR).

Iapis: Pássaro, *Cassicus hemorhous* (BR). Japi, japim.

Muruchi: Malpighiácea, *Brysonima sericea*. D.C. Também muruxi, muruxim.

Ir de Bubuia: Deslizar na correnteza, sem o impulso da jacumã, ao sabor das águas, descendo.

Boiadouro: Palavra brasileira que indica o lugar em que bóiam as tartarugas (BR).

Iurará: Tartaruga (BR). Iururá, tartaruga fêmea, segundo Alfredo da Mata, *Vocabulário Amazonense*.

Sararaca: Flecha de pescar tartaruga (BR).

Muirapara: Arco (BR).

Acarequissaua: Akarequissaua, akaré, garça, quiçaua, rede, dormitório. As garças, às 5 horas da tarde mais ou menos, dirigem-se em bandos de milhares, como vi, para o dormitório que fica literalmente branco. O arancuan canta depois das 6 horas da tarde (BR). Arancuan, aracuan, araquan, Alfredo da Mata diz ser galináceos caracidídeos do gênero Ortalis, diferente do jacu por ter este o pescoço glabro.

Capiuara: Cecrópia (BR). Capivara, *Hydrocherus capibara*. Erxl, o grande caviidea, comedor de capim aquático, donde lhe provém o nome tupi.

Canarana: Gramíneas dos gêneros *Paspalum* e *Panicum.*

Jaçaná: Parra pacana, pequena ave pernalta, comum no Norte e Nordeste brasileiro, piaçoca.

Periantã: Peri, junco, antã, duro. Pequenas ilhas formadas de gramíneas, paus, argamassadas com argilas, que se destacam das margens e descem pelo Amazonas (BR).

Pirarucu: Pirá, peixe, urucu, vermelho (*sudis giga*) (BR).

Taíra: Filho (BR).

Munusaua: Morte (BR).

Jurutaí: Iurú, boca, tuí, grande, escancarada: pássaro, o *Caprimulgos vociferans* (BR). Iurutaí, Uorutau.

Pirassara: Pescador (BR).

Matupá: É o periantã ligado ainda à margem do rio (BR).

Teonguera: Cadáver (BR).

Piranhas: Peixe characinídeo, carnívoro, extremamente voraz. *Serraselmun rhombeus*, I...

BARBA RUIVA

Luís da Câmara Cascudo. A lenda é popularíssima no estado do Piauí, ao redor da lagoa de Paranaguá. Registrou-a, entre muitos, numa versão já literária, Joaquim Nogueira Paranaguá (1855-1926) no seu curioso *Do Rio de Janeiro ao Piauí pelo interior do país,* 1905. Gustavo Luís Guilherme Dodt (1831-1904) registrou-a também no *Descrição dos rios Parnaíba e Gurupi,* p.100-103, São Paulo, 1939.

No rio São Francisco existe a lenda de uma moça que atirou o recém-nascido ao rio. Um Dourado (corifénida, *Coryphaena hipporus,* Lin) abocanhou-o sem o deglutir. E sobe e desce o São Francisco, com o menino na boca, deixando-o apenas para comer, e defendê-lo dos outros peixes. O menino não cresce mas está com os cabelos brancos. Manuel Ambrósio, *Brasil Interior,* p. 59, São Paulo, 1934.

COBRA NORATO

Luís da Câmara Cascudo. A versão é resumida de narrativas regionais do Pará, onde a lenda é típica e espalhadíssima. Uma versão idêntica poderá ser lida em *O matuto cearense e o caboclo do Pará* (contribuição ao folclore nacional), p. 10-21, Belém do Pará, 1930, de José Carvalho (1872-1933).

Putirão: Puxirum, mutirum, mutirão, muxirão, adjunto, ajuda, ajuri no Amazonas-Pará, trabalho comum, gratuito, em proveito de um indivíduo que oferece a alimentação e bebidas, e depois um baile; Batalhão em Sergipe e Bahia.

Dabucuri: tauúcuri, taua-oú curi, banquete, festa de convite, dada de tribo a tribo em sinal de amizade e boa vizinhança, segundo Stradelli.

LENDA DA SAPUCAIA-ROCA

O cônego Francisco Bernardino de Souza (n. 1834), recolheu essa lenda quando esteve em missão científica na região onde é ainda contada. *Lembranças e Curiosidades do Vale do Amazonas*, p. 261-262, Pará, 1873.

Sapucaia-Roca: e não sapucaia-orca, vale dizer casa da sapucaia, casa da galinha, o galinheiro.

Muras: Luciano Pereira da Silva, estudando o "Estado do Amazonas" no *Dicionário Histórico, Geográfico e Etnográfico*, 11º, p. 36-38, Rio de Janeiro, 1922, informa: "A nação mura, de péssimas tradições, infestava as margens do Amazonas em grande extensão, atacando não só os viajantes civilizados como as outras nações índias. Os muras eram verdadeiros piratas. Preguiçosos por natureza, verdadeiros boêmios, entregam-se ao roubo e à pilhagem. Covardes e imundos, são detestados de todos os demais índios. Frei Caetano Brandão, Bispo do Pará, quando da sua quarta visita pastoral ao sertão, comparou-os a uma manada de porcos, tal o seu estado de depravação".

É natural que fosse aplicada a Mura, a lenda universal das cidades submergidas por castigo de obstinação pecaminosa.

Em quase todos os Estados do Brasil vivem as lendas das cidades desaparecidas nas águas do mar e dos rios. Em Minas Gerais havia uma cidade linda, no tempo da mineração do ouro, orgulho de luxo e vício. Desapareceu numa noite e está no fundo da lagoa Santa, de onde emerge, lentamente, uma vez por ano, visível e perturbadora, como lf. Na lagoa Negra, Conceição do Arroio, no Rio Grande do Sul, há canto estridente de galos misteriosos. Olavo Bilac escreveu: "A mais bela lenda da cidade encantada é amazônica. Na foz do rio Gurupi, a 9 milhas da cidade de Vizeu, no Pará, existe um grande rochedo, em que se cava uma profunda gruta. É crença, entre os povos, que ali, sobre o rochedo, houve uma cidade, que foi por uma inundação arrastada para o fundo do rio; nas noites claras, de luar, ouve-se distintamente, lá embaixo, um rumor de vozes humanas e de repiques de sinos. No Sul, encontrei esta mesma lenda, ouvida em Santos, de pescadores de São Vicente". *Últimas Conferências e Discursos*, p. 330, Rio de Janeiro, 1924.

A CIDADE ENCANTADA DE JERICOACOARA

Olavo Dantas, "Sob o Céu dos Trópicos" (*Lendas, aspectos e curiosidades do Brasil*), p. 194-196, Rio de Janeiro, 1938.

A mesma lenda ocorre em Pernambuco. Mário Melo encontrou em Pedra Talhada, Vila Bela, uma furna habitada por uma princesa encantada, uma imensa cobra. *Revista do Instituto Arqueológico Pernambucano*, vol. XXIX, p. 33, ns. 135 a 142, Recife, 1930.

A MORTE DO ZUMBI

Luís da Câmara Cascudo. A morte do Zumbi de Palmares foi sempre crida, na lenda bonita, como um suicídio. Tal não se deu. Traído por um mulato, seu amigo, foi entregue aos vencedores e o capitão André Furtado de Mendonça, comandante de uma companhia do Terço dos Paulistas, degolou-o. Ao mulato, em carta régia de 25 de agosto de 1696, o Rei de Portugal mandava aprovar o perdão que se lhe tinham dado. Ao justiçador, El-Rei enviou uma ajuda de cinqüenta mil-réis, em carta régia de 13 de janeiro de 1698.

Mas a lenda continua indicando o ponto de onde o Zumbi se precipitou no despenhadeiro.

Palmares ficava na serra da Barriga, entre o rio Mandaú e o riacho Jundiá, município de União, nas Alagoas.

A SERPENTE EMPLUMADA DA LAPA

LUÍS DA CÂMARA CASCUDO. A lenda da Serpente Emplumada do Bom Jesus da Lapa me foi narrada por antigos romeiros. Registrou-a o Padre Turíbio Vilanova Segura, Capelão do Santuário, no seu *Bom Jesus da Lapa*, São Paulo, 1937, p. 153-154. Antes da fixação do Monge Francisco Mendonça Mar, já devia ser corrente em todas as populações ribeirinhas ao São Francisco, onde contam a história de uma serpente bravia que um missionário havia amarrado com o fio de sua barba. A serpente estava criando penas, para voar e matar a todos. Morava dentro do rio. Toda a vez que se rezasse um "Ofício de Nossa Senhora" cairia uma pena das asas do monstro. O urro da cobra arrasaria sete cidades. Só dois irmãos gêmeos poderiam matá-la. Manuel Ambrósio, *Brasil interior* (folclore das margens do São Francisco), p. 58, São Paulo, 1934. Na Cidade de Arraias, no Estado de Goiás, sobrevive a mesma lenda. Uma imensa serpente dormia numa lapa. Era recoberta de escamas. Rezava-se para que as escamas caíssem ou não nascessem. I. G. Americano do Brasil, *Lendas e encantamentos do Sertão*, p. 31-32, "A Serpente de Arraias", São Paulo, 1938 (?).

AS MANGAS DE JASMIM DE ITAMARACÁ

FRANCISCO AUGUSTO PEREIRA DA COSTA (1851-1923). Com o título de "As mangas de Jasmim", divulgou Pereira da Costa essa lenda, tradicional em Pernambuco. Foi posteriormente reunida à p. 69 do

Mosaico Pernambucano, Revista de História de Pernambuco, ns. 3-4, outubro-novembro de 1927, Recife. O autor informa: "Esses versos são produção do Dr. José Soares de Azevedo, fragmento de uma bela poesia sobre a tradição popular das mangas de jasmim, da ilha de Itamaracá."

CARRO CAÍDO

H. CASTRICIANO (Henrique Castriciano de Souza). Trecho de um romance incompleto, *Os Mortos*, Revista do Centro Polimático, n. 6, p. 17-18, julho de 1922, Natal, Rio Grande do Norte.

É uma das lendas mais antigas e conhecidas no litoral do estado. Denomina mesmo um recanto da lagoa de Estremoz, município de Ceará-Mirim, numa curva onde as águas são escuras pela profundeza, no fundo de um aclive. E de origem portuguesa.

Fixou-a igualmente Eloy de Souza no *Alma e poesia do litoral do Nordeste*, p. 31-32.

Em Minas Gerais, no folclore do São Francisco, conta-se lenda semelhante, o carro de Maria da Cruz, mulher rica que obrigava seus escravos ao trabalho nos dias santos e domingos. Num desses dias, um carro de bois caiu no rio, com carreiro e tudo, e continua cantando, o homem tangendo as juntas, no fundo da água corrente. Manuel Ambrósio, *Brasil Interior*. p. 54.

Um poeta norte-rio-grandense, o Des. Antônio Soares de Araújo, fixou a lenda do carro caído com nitidez e fidelidade. Conta uma antiga lenda:

> *Certo dia,*
> *Por um pobre carreiro transportado,*
> *Lá n'um carro o sino encomendado*
> *Para a matriz da nova freguesia.*
> *E o boi do carro, a caminhar, sofria*
> *Uma sede cruel... Volvendo a um lado.*
> *Vê a lagoa, a avança... Fatigado,*
> *Sobre o carro o carreiro adormecia.*

Num canto, o boi penetra...
Repentino,
Tomba o carro no abismo traiçoeiro,
Tudo arrastando no fatal destino!

E, desde então, à noite, o caminheiro
Ouve, ao passar ali, dobres de sino
E uns saudosos gemidos do carreiro...

O SONHO DE PARAGUAÇU

João da Silva Campos (1880-1940), *Tempo Antigo*, p. 79-83, Bahia, 1942.

Anotando seu estudo, o autor retifica certos pormenores. A nau que enxurrou na Ponta dos Castelhanos foi a comandada por Juan de Mori, e a data será, exatamente, em dias de julho ou agosto e não em maio.

"O sonho de Paraguaçu" é uma das mais antigas lendas do Brasil, corrente no século XVI e ainda viva nas tradições orais do povo baiano. Na igreja da Graça existe um quadro, dado como de finais do século XVI, representando o episódio.

Paraguaçu (para = mar + guaçu = grande), viúva em 1557, era filha do tuixaua indígena Itaparica, e veio a falecer em idade extrema, respeitada como uma verdadeira matriarca no seio da sociedade que se formava. Chamavam-na, carinhosamente, Guaimi-Pará, a Velha Pará.

SENHOR DO CORPO SANTO

Luís da Câmara Cascudo. Lenda conhecidíssima na capital pernambucana. Ouvi-a repetidamente durante os meus cinco anos de curso jurídico, 1922-28, no Recife. O Sr. Zeferino Lima publicou-a, narrada por sua bisavó, na *Revista do Instituto Arqueológico Pernambucano*, vol. XXIX, ns. 135-142, Recife, 1930, p. 36-38.

"A lenda é do século XV, atribuída ao beato Álvaro de Córdoba, falecido em 1420."

ROMÃOZINHO

LUÍS DA CÂMARA CASCUDO. Ouvi essa lenda de um nosso empregado, goiano de Morrinhos, creio. É conhecida no leste da Bahia, todo Goiás e parte de Mato Grosso. Lenda típica. Quanto aos característicos de formação, o Sr. José A. Teixeira ("Folclore Goiano" p. 361-374, São Paulo, 1941) estuda sua extensão e natural convergência posterior para o mito do Saci-Pererê. Dizem que a lenda do Romãozinho se iniciou no distrito de Boa Sorte, município de Pedro Afonso, em Tocantins, fronteira do Maranhão. Ver também I. J. Americano do Brasil, *Lendas e Encantamentos do Sertão*, – A origem do Romãozinho – São Paulo, 1938 (?), pp. 45-47.

A LENDA DE ITARARÉ

"A Lenda de Itararé" foi-me enviada pelo grande poeta paranaense Rodrigo Júnior (Dr. João Batista Carvalho de Oliveira). "O caso foi contado por um caboclo velho, há muitos anos, a um viajante que o narrou", informa-me o poeta.

A confluência do rio Itararé com o Paranapanema é limite dos Estados de São Paulo e Paraná. A lenda é comum nessa região, para ambas as populações ribeirinhas.

Curare: Veneno retirado de um cipó, *Strychnos toxifera*.

Ariru: Entorpecentes vegetais.

Saracuara: Saracura sericóia, nome genérico das rálidas, frangos aquáticos.

Araponga: *Chasmarhyncus nudicollis*, guiraponga, ferreiro, notável pela estridência metálica do canto.

Maracujá: Passiflorácea.

A MISSA DOS MORTOS

AUGUSTO DE LIMA JÚNIOR. *Histórias e lendas*, p. 154-156, Rio de Janeiro, 1935. Lenda tradicionalíssima em todo Brasil. O registro transcrito indica como se tendo passado na igreja de Nossa Senhora das Mercês, de Cima, em Ouro Preto, Minas Gerais. Veio a tradição de Portugal, na Missa das Almas; de Espanha, na Misa de las Animas, conhecida na Europa cristã. Alphonse Daudet escreve uma página deliciosa de evocação, registrando essa lenda na Provença, *Les trois meses basses*, nas *Lettres de mon Moulin*.

A VIRGEM APARECIDA

Luís da Câmara Cascudo. As fontes dessa redação foram *Testemunhas do Cristo*, de Pius Parsch, II, 397-400, Mosteiro de São Bento, Bahia, 1942, e *Na Luz Perpétua*, de João Batista Lehmann, 1, 382-386, Juiz de Fora, Minas Gerais, 1935.

CHICO REI

Luís da Câmara Cascudo. A lenda de Chico Rei é popularíssima no Estado de Minas Gerais. Dá-se como se tendo passado em Ouro Preto, durante o século XVIII.

FONTE DOS AMORES

Luís da Câmara Cascudo. A lenda da Fonte dos Amores é muito citada nos cronistas do Rio de Janeiro. Está em Joaquim Manuel de Macedo, *Um passeio pela cidade do Rio de Janeiro*.

Dom Luís de Vasconcelos e Souza, 1740-1807, foi o 12º Vice-Rei do Brasil, governador de 5 de abril de 1779 a 6 de junho de 1790. Foi, posteriormente, feito Conde de Figueiró. E um dos maiores credores na gratidão da capital do Brasil. Mestre Valentim da Fonseca e Silva faleceu no Rio de Janeiro em 1º de março de 1813. No Passeio Público há seu busto em bronze, numa herma, pelo escultor Moreira Júnior, inaugurada em 1913, no centenário da morte do genial toreuta.

O FRADE E A FREIRA

Luís da Câmara Cascudo. "O Frade e a Freira" é a mais bonita lenda capixaba. O tema foi-me enviado por dona Maria Stela de

Novaes, da cidade de Vitória, brilhante estudiosa de folclore. O Frade e a Freira ficam à margem do rio Itapemirim, entre os municípios de Cachoeiro e Rio Novo, no Estado do Espírito Santo.

Um poeta espírito-santense, Benjamim Silva, resumiu a lenda com felicidade e beleza:

> *Na atitude piedosa de quem reza,*
> *E como que num hábito embuçado,*
> *Pôs naquele recanto a natureza*
> *A figura de um frade recurvado.*
> *E sob um negro manto de tristeza,*
> *Vê-se uma freira tímida a seu lado,*
> *Que vive ali rezando, com certeza,*
> *Uma oração de amor e de pecado.*
>
> *Diz a lenda – uma lenda que espelharam*
> *Que aqui, dentre os antigos habitantes,*
> *Houve um frade e uma freira que se*
> *   [amaram...*
>
> *Mas que Deus os perdoou lá do infinito,*
> *E eternizou o amor dos dois amantes*
> *Nessas duas montanhas de granito!*

OS TATUS BRANCOS

AFONSO ARINOS DE MELO FRANCO, 1868-1916, *Lendas e tradições brasileiras*, segunda edição, p. 29-32, Rio de Janeiro, 1937. É uma lenda cujo motivo decorre da época "bandeirante", indicando um dos mistérios da mata desconhecida. É corrente nas populações da fronteira São Paulo-Minas Gerais divulgando-se para o Sul e Centro do Brasil.

A LENDA DA GRALHA AZUL

Com o título de "Plantador de Pinheiros", essa lenda da Gralha Azul, uma das mais lindas do Estado do Paraná, foi-me gentilmente enviada pelo Dr. Simeão Mafra Pedroso, Diretor-Geral de Educação do Estado (1934).

A Gralha Azul, uma córvida, *Cyanocorax coerulens*, Vieill, não deve ser morta, segundo tradição paranaense, de que esta lenda é testemunho.

O NEGRINHO DO PASTOREIO

João Simões Lopes Neto (1865-1916), *Lendas do Sul*, p. 61-69, Populário, Pelotas, 1913. É a mais tradicional e querida das lendas do Rio Grande do Sul, espalhada pelos Estados da fronteira, dentro e fora do Brasil. Determinou mesmo um culto espontâneo no vizindário, constituindo elemento nativo para a mística brasileira.

BiblioGRAFia DE Luís DA CâMARA CASCUDO*

1. *Alma Patrícia*. Natal, 1921.
2. *Histórias que o tempo leva...* São Paulo, 1924.
3. *Joio*. Natal, 1924.
4. *López do Paraguai*. Natal, 1927.
5. *O Conde D'Eu*. São Paulo, 1933.
6. *Viajando o sertão*. Natal, 1934.
7. *O mais antigo marco colonial do Brasil,* 1934.
8. *Intencionalidade no descobrimento do Brasil*. Natal, 1935.
9. *O homem americano e seus temas*. Natal, 1935.
10. *Em memória de Stradelli*. Manaus, 1936.
11. *Uma interpretação da Couvade*. São Paulo, 1936.
12. *Conversas sobre a hipoteca*. São Paulo, 1936.
13. *Os índios conheciam a propriedade privada*. São Paulo, 1936.
14. *O brasão holandês do Rio Grande do Norte*, 1936.
15. *Notas para a história do Atheneu*. Natal, 1937.
16. *O Marquês de Olinda e o seu tempo*. São Paulo, 1938.
17. *O Doutor Barata*. Bahia, 1938.
18. *Peixes no idioma tupi*. Rio de Janeiro, 1938.
19. *Vaqueiros e cantadores*. Porto Alegre, 1939.
20. *Governo do Rio Grande do Norte*. Natal, 1939.
21. *Informação de história e etnografia*. Recife, 1940.
22. *O nome "Potiguar"*. Natal, 1940.
23. *O povo do Rio Grande do Norte*. Natal, 1940.
24. *As lendas de Estremoz*. Natal, 1940.
25. *Fanáticos da Serra de João do Vale*. Natal, 1941.
26. *O presidente parrudo*. Natal, 1941.
27. *Seis mitos gaúchos*. Porto Alegre, 1942.
28. *Sociedade brasileira de folclore*, 1942.
29. *Lições etnográficas das "Cartas Chilenas"*. São Paulo, 1943.

30. *Antologia do folclore brasileiro.* São Paulo, 1944.
31. *Os melhores contos populares de Portugal.* Rio de Janeiro, 1944.
32. *Lendas brasileiras.* Rio de Janeiro, 1945.
33. *Contos tradicionais do Brasil.* Rio de Janeiro, 1946.
34. *História da Cidade do Natal.* Natal, 1947.
35. *Geografia dos mitos brasileiros.* Rio de Janeiro, 1947.
36. *Simultaneidade de ciclos temáticos afro-brasileiros.* Porto, 1948.
37. *Tricentenário de Guararapes.* Recife, 1949.
38. *Gorgoncion – Estudo sobre amuletos.* Madrid, 1949.
39. *Consultando São João.* Natal, 1949.
40. *Ermete Mell'Acaia e la consulta degli oracoli.* Nápoles, 1949.
41. *Os holandeses no Rio Grande do Norte.* Natal, 1949.
42. *Geografia do Brasil holandês.* Rio de Janeiro, 1949.
43. *O folclore nos autos camponeanos.* Natal, 1950.
44. *Custódias com campainhas.* Porto, 1951.
45. *Conversa sobre Direito Internacional Público.* Natal, 1951.
46. *Os velhos estremezes circenses.* Porto, 1951.
47. *Atirei um limão verde.* Porto, 1951.
48. *Meleagro – Pesquisa sobre a magia branca no Brasil.* Rio de Janeiro, 1951.
49. *Anubis e outros ensaios.* Rio de Janeiro, 1951.
50. *Com D. Quixote no Folclore Brasileiro.* Rio de Janeiro, 1952.
51. *A mais antiga Igreja do Seridó.* Natal, 1952.
52. *O fogo de 40.* Natal, 1952.
53. *O poldrinho sertanejo e os filhos do Visir do Egipto.* Natal, 1952.
54. *Tradición de un cuento brasileño.* Caracas, 1952.
55. *Literatura oral.* Rio de Janeiro, 1952. (2ª edição 1978 com o título *Literatura oral no Brasil*)
56. *História da Imperatriz Porcina.* Lisboa, 1952.
57. *Em Sergipe D'El Rey.* Aracaju, 1953.
58. *Cinco livros do povo.* Rio de Janeiro, 1953.
59. *A origem da vaquejada do nordeste brasileiro.* Porto, 1953.
60. *Alguns jogos infantis no Brasil.* Porto, 1953.
61. *Casa dos surdos.* Madrid, 1953.
62. *Contos de encantamento,* 1954.
63. *Contos exemplares,* 1954.
64. *No tempo em que os bichos falavam,* 1954.
65. *Dicionário do folclore brasileiro.* Rio de Janeiro, 1954.

66. *História de um homem.* Natal, 1954.
67. *Antologia de Pedro Velho.* Natal, 1954.
68. *Comendo formigas.* Rio de Janeiro, 1954.
69. *Os velhos caminhos do Nordeste.* Natal, 1954.
70. *Cinco temas do heptameron na Literatura Oral.* Porto, 1954.
71. *Pereira da Costa, folclorista.* Recife, 1954.
72. *Lembrando segundo Wanderley.* Natal, 1955.
73. *Notas sobre a Paróquia de Nova Cruz.* Natal, 1955.
74. *Leges et consuetudines nos costumes nordestinos.* La Habana, 1955.
75. *Paróquias do Rio Grande do Norte.* Natal, 1955.
76. *História do Rio Grande do Norte.* Rio de Janeiro, 1955.
77. *Notas e documentos para a história de Mossoró.* Natal, 1955.
78. *História do Município de Sant'Ana do Matos.* Natal, 1955.
79. *Trinta estórias brasileiras.* Porto, 1955.
80. *Função dos arquivos.* Recife, 1956.
81. *Vida de Pedro Velho.* Natal, 1956.
82. *Comadre e compadre.* Porto, 1956.
83. *Tradições populares da pecuária nordestina.* Rio de Janeiro, 1956.
84. *Jangada.* Rio de Janeiro, 1957.
85. *Jangadeiros.* Rio de Janeiro, 1957.
86. *Superstições e costumes.* Rio de Janeiro, 1958.
87. *Universidade e civilização.* Natal, 1959.
88. *Canto de muro.* Rio de Janeiro, 1959.
89. *Rede de dormir.* Rio de Janeiro, 1959.
90. *A família do padre Miguelinho.* Natal, 1960.
91. *A noiva de Arraiolos.* Madrid, 1960.
92. *Temas do Mireio no folclore de Portugal e Brasil.* Lisboa, 1960.
93. *Conceito sociológico do vizinho.* Porto, 1960.
94. *Breve notícia do Palácio da Esperança,* 1961.
95. *Ateneu norte-rio-grandense,* 1961.
96. *Etnografia e Direito.* Natal, 1961.
97. *Vida breve de Auta de Sousa.* Recife, 1961.
98. *Grande fabulário de Portugal e Brasil.* Lisboa, 1961.
99. *Dante Alighieri e a tradição popular no Brasil.* Porto Alegre, 1963.
100. *Cozinha africana no Brasil.* Luanda, 1964.
101. *Motivos da Literatura Oral da França no Brasil.* Recife, 1964.
102. *Made in África.* Rio de Janeiro, 1965.

103. *Dois ensaios de história* (A intencionalidade do descobrimento do Brasil. O mais antigo marco de posse). Natal, 1965.
104. *Nosso amigo Castriciano.* Recife, 1965.
105. *História da República no Rio Grande do Norte,* 1965.
106. *Prelúdio e fuga.* Natal.
107. *Voz de Nessus* (Inicial de um Dicionário Brasileiro de Superstições). Paraíba, 1966.
108. *A vaquejada nordestina e sua origem.* Recife, 1966.
109. *Flor de romances trágicos.* Rio de Janeiro, 1966.
110. *Mouros, franceses e judeus* (Três presenças no Brasil). Rio de Janeiro, 1967.
111. *Jerônimo Rosado (1861-1930):* Uma ação brasileira na província, 1967.
112. *Folclore no Brasil.* Natal, 1967.
113. *História da alimentação no Brasil* (Pesquisas e notas) – 2 vols. São Paulo, 1967 e 1968.
114. *Nomes da Terra* (História, Geografia e Toponímia do Rio Grande do Norte). Natal, 1968.
115. *O tempo e eu* (Confidências e proposições). Natal, 1968.
116. *Prelúdio da Cachaça* (Etnografia, História e Sociologia da Aguardente do Brasil). Rio de Janeiro, 1968.
117. *Coisas que o povo diz.* Rio de Janeiro, 1968.
118. *Gente viva.* Recife, 1970.
119. *Locuções tradicionais no Brasil.* Recife, 1970.
120. *Sociologia do açúcar* (Pesquisa e dedução). Rio de Janeiro, 1971.
121. *Tradição, Ciência do Povo* (Pesquisa na Cultura popular do Brasil). São Paulo, 1971.
122. *Civilização e Cultura.* Rio de Janeiro, 1972.
123. *Seleta* (Organização, estudos e notas do Professor Américo de Oliveira Costa). Rio de Janeiro, 1973.
124. *História dos nossos gestos* (Uma pesquisa mímica no Brasil). São Paulo, 1976.
125. *O príncipe Maximiliano no Brasil.* Rio de Janeiro, 1977.
126. *Mouros e judeus na tradição popular do Brasil.* Recife, 1978.
127. *Superstição no Brasil.* Belo Horizonte, 1985.

---

* Esta Bibliografia foi elaborada tendo por base a monumental obra da escritora Zila Mamede: *Luís da Câmara Cascudo:* 50 anos de vida intelectual – 1918-1968 – Bibliografia Anotada. Natal, 1970. A data é somente da 1ª edição (Nota da Editora).

Obras de Luís da Câmara Cascudo

Publicadas pela Global Editora

*Prelo

Obras Juvenis

Contos tradicionais do Brasil para jovens
Lendas brasileiras para jovens

Obras Infantis

Coleção Contos de Encantamento

A princesa de Bambuluá
Couro de piolho
Maria Gomes
O marido da Mãe D'Água e A princesa e o gigante
O papagaio real

Coleção Contos Populares Divertidos

Facécias

Impresso na gráfica das Escolas Profissionais Salesianas

Rua Dom Bosco, 441 – Mooca – 03105-020 São Paulo - SP
Fone: (11) 3274-4900 Fax: (11) 3271-5637
www.editorasalesiana.com.br